理工科技信息检索与分析应用

Ligong Keji Xinxi Jiansuo Yu Fenxi Yingyong

孙红红　蔺鹏臻　编著

人民交通出版社

内 容 提 要

本书针对理工科院校的学科特点,介绍了最新且实用的信息检索技术、网络信息资源与搜索引擎。全书共分七章,具体内容包括:信息检索概述,信息检索的基础理论与技术,中文常用数据库信息资源检索,外文常用综合数据库信息资源检索,外文专题数据库信息资源检索,网络信息资源与搜索引擎,科技信息检索分析应用。

本书可供理工科院校的广大师生学习使用,也可供科技工作者参考阅读。

图书在版编目(CIP)数据

理工科技信息检索与分析应用/孙红红,蔺鹏臻编
著. —北京:人民交通出版社,2012.6
ISBN 978-7-114-09750-8

I. ①理… II. ①孙…②蔺… III. ①理科(教育)
—情报检索②工科(教育)—情报检索 IV. ①G252.7

中国版本图书馆 CIP 数据核字(2012)第 066845 号

书　　　名:	**理工科技信息检索与分析应用**
著 作 者:	孙红红　　蔺鹏臻
责任编辑:	王忠江　　郭红蕊
出版发行:	人民交通出版社
地　　　址:	(100011)北京市朝阳区安定门外外馆斜街3号
网　　　址:	http://www.ccpress.com.cn
销售电话:	(010)59757969,59757973
总 经 销:	人民交通出版社发行部
经　　　销:	各地新华书店
印　　　刷:	北京交通印务实业公司
开　　　本:	787×1092　1/16
印　　　张:	8.75
字　　　数:	206千
版　　　次:	2012年6月　第1版
印　　　次:	2012年6月　第1次印刷
书　　　号:	ISBN 978-7-114-09750-8
印　　　数:	0001-2000册
定　　　价:	30.00元

(有印刷、装订质量问题的图书由本社负责调换)

前　言

　　科技信息检索是以图书情报学为理论指导,以专业知识、专业外语和计算机技术为基础,研究科技信息检索理论与方法的一门应用性课程。其目的是培养学生的信息意识、独立学习和终身学习的能力。

　　本书针对理工科院校的学科特点,遵循"理论指导下的实践"的指导思想,力求反映理工科信息检索领域的最新发展。本书结合作者长期从事的文献信息检索教学、科技查新和信息服务工作实践,在编著过程中,贯彻以下原则:

　　第一,新颖性。随着科技与信息的飞速发展,科技信息检索的外延和内涵都在不断地扩大和加深,数字化成了信息产业的主流。同时,随着国外数据库检索平台的大量引进和网络化免费资源的大量涌现,使得计算机信息资源的检索渠道更加丰富。此外,信息类型的不断扩充、检索平台的不断升级和数据库版本的更新,也使得许多数据库的检索界面和检索方式不断变化。本书力求紧跟信息与检索方式的快速变化,介绍最新、最有效的信息检索内容、方法和途径。

　　第二,实用性。本书内容针对理工科读者进行编写,重点介绍理工科最常用的中外文检索系统以及具有代表性的专题数据库、搜索引擎和网络免费信息资源,让读者对这些领域的信息检索与利用的知识和技能有深入、细致的了解,弥补了大而全、大而泛的通用信息检索教材的不足。同时,本书精简了理论体系、手工检索工具方面的内容,以当前最为实用的网络信息检索体系为主体,满足网络环境下读者信息检索的需求和行为习惯。同时,对当前科技工作中最常用的科技信息收集、整理与分析,科技论文写作,定题服务与科技查新等信息工作进行了详细介绍。

　　第三,直观性。本书采用图文并茂的方式向读者介绍各种检索系统和搜索引擎,大量的检索原理图及检索页面示意图增加了图书内容的易读性和直观性,帮助读者理解所学内容,使读者能够根据图示自己进行信息检索。

　　本书由孙红红、蔺鹏臻和江晓云编著,其中第一、二、四、五章由孙红红编写,第三、六章由江晓云编写,第七章由蔺鹏臻编写。全书由孙红红和蔺鹏臻统稿和主编。

　　在本书编写过程中参考和借鉴了许多同行专家、学者的相关著作、文章、教

1

材。这些文献为本书的完成提供了有益的帮助,也丰富了本书的素材,在此不一一注明,谨向各位专家、学者一并致以诚挚的谢意。由于信息技术的发展日新月异,加之编者的学识水平有限,书中难免有疏漏、不足之处,敬请学术界同仁和广大读者批评指正。

本书的出版感谢兰州交通大学的领导和同事们的关心和帮助,感谢人民交通出版社的大力支持。

编　者

2012 年 3 月 18 日

目　录

第一章　信息检索概述

随着社会进步、科学发展、新技术的应用，现代信息技术迅猛发展，信息量也呈指数级增长，信息已成为人类社会发展的一种驱动力。物质、能量和信息构成人类社会的三大重要战略资源：物质提供材料，能量提供动力，信息提供知识与智慧。人们越来越重视对信息资源的有效开发与利用，不仅因为它有助于人们不断地揭示客观世界，深化对客观世界的科学认识，消除人们在认识上的某种不定性，而且还源源不断地向人类提供生产知识的原料。因此，面对快速增长的信息量与人们有限的时间、精力这一矛盾，应用现代信息检索技术快速、准确、有效地获取和利用信息是21世纪技能型人才必备的素质。

第一节　信息、知识与文献

一、信息

1. 信息的概念

信息作为一个科学概念，信息论的创始人申农这样描述信息："信息是用以消除随机不确定性的东西"。美国《韦氏大词典》对信息的解释是："信息是通信的事实，是在观察中得到的数据、新闻和认识"。

我国国家标准《情报与文献工作词汇基本术语》中，对信息的概念定义为："信息是物质存在的一种方式、形态或运动状态，是事物的一种普遍属性，一般指数据、消息中所包含的意义，可以使消息中所描述事件的不确定性减少"。

今天，对信息的定义仍然众说纷纭，但是有关信息的基本内涵已取得普遍共识，即：信息不是物质本身，是物质的一种基本属性，它是自然界和人类社会中一切事物自身运动状态以及它们之间相互联系、相互作用、由此而发出的消息、音信、信号、指令、程序等当中所包含的内容。信息是无时不有、无所不在的，任何物质系统都存在着与其他物质系统间的信息交流。

2. 信息的属性

（1）普遍性

信息广泛存在于自然界、人类社会及思维领域中。只要有事物存在，只要有事物运动，就会有信息存在。

（2）客观性

由于信息是事物运动的状态和方式，所以信息与物质一样是客观存在的，是不以人的意志为转移的。

1

（3）中介性

就物质世界的层次来看,信息既区别于物质,又区别于精神。物质是信息的载体,物质的运动是信息的源泉。信息来源于物质,又不是物质本身,它可以脱离原物质而相对独立地存在;信息也来源于精神世界,但又不限于精神的领域。

（4）无限性

无论是在无限还是有限的空间里,随着时间的无限推移,事物的发展变化是无限的,信息也将无限扩充。

（5）传递性

信息从客观存在到被人类认知,是通过传递来实现的,信息在时间上的传递体现了信息的可存储性,信息在空间上的传递体现了信息的可扩散性。

（6）时效性

信息所反映的总是特定时间事物运动的状态和方式,当人们将特定时刻的信息提取出来后,事物仍不停地运动着,这样脱离了原物质的信息就会逐渐失去效用。因此只有及时地将信息加工、收集,才能充分利用信息。

（7）依附性

信息本身是看不见摸不着的,它必须依附于一定的载体形式来实现传递,从而为人类所认知。

（8）共享性

信息可以多次传播,为人们所共享。信息量不会因传播而耗散,也不会因他人分享而减少;在用户共享信息的过程中,信息载体所承载的信息量并不会减少,信息的使用价值也不会减少。信息能够共享是信息不同于物质和能量的最重要特征。

3. 信息的类型

在人类社会和自然界里,不同领域对信息有不同的定义范围,进而从不同的角度来划分信息的种类。

（1）按信息产生的客体性质划分

按信息产生的客体性质,可分为自然信息与社会信息。

（2）按信息的社会属性划分

按信息的社会属性,可分为政治信息、军事信息、经济信息、科技信息、管理信息和生活信息等。

（3）按信息传递范围划分

按信息传递范围,可分为公开信息、半公开信息和非公开信息。

（4）按信息的加工程度划分

按信息的加工程度,可分为零次信息、一次信息、二次信息、三次信息和高次信息。

（5）按价值观念划分

按价值观念,可分为有价值信息和无价值信息。

（6）按运动状态划分

按运动状态,可分为动态信息和静态信息。

（7）按信息所依附的载体形式划分

按信息所依附的载体形式,可分为文献信息、口头信息、电子信息等。

二、知识

1. 知识的概念

《辞海》中把知识定义为:"人们在实践中积累起来的经验,从本质上说,知识属认识范畴"。《现代汉语词典》中对知识的解释是:"知识是人们在改造世界的实践中所获得的认识和经验的总和"。这两种解释均把知识作为实践或实践活动的认知成果来看待,而知识的本质则是认知活动中的主体与客体的动态关系。

人类通过信息对自然界、人类社会以及思维方式与运动规律的认识,并通过人的大脑进行思维重新整合,使信息系统化从而构成知识。人类不仅要通过信息感知世界、认识世界和改造世界,而且还要根据所获得的信息组成知识。由此可见,知识是信息的一部分。

2. 知识的属性

（1）意识性

知识是一种观念形态的东西,只有人的大脑才能产生它、认识它、利用它,知识通常以概念、判断、推理、假说和预见等思维方式和范畴体系表现自身的存在。

（2）信息性

信息是产生知识的原料,知识是经人类认识、理解并经思维重新整合后的系统化信息,知识是信息中的一部分。

（3）实践性

社会实践是一切知识产生的基础,也是检验知识的标准,科学知识对实践有重大的指导作用。

（4）规律性

人们对实践的认识,是一个无限的过程,人们在这种无限的过程中所获得的知识从一定的层面上揭示了事物及其运动过程的规律性。

（5）继承性

每一次新知识的产生,既是原有知识的继承、利用、深化与发展,又是更新知识产生的基础与前提。知识被记录或物化为劳动产品后,可以世代相传并利用。

（6）渗透性

随着人类认识世界的不断深化,各种门类的知识可以互相渗透,形成许多新的知识。

三、文献

1. 文献的概念

国际标准化组织《文献情报术语国际标准》(ISO/DIS5217)对文献的解释是:"在存储、检索、利用或传递记录信息的过程中,可作为一个单元处理的,在载体内、载体上或依附载体而存储有信息或数据的载体"。

随着科学技术的进步,记录和传递知识的载体形式和手段越来越多。我国国家标准《文献著录总则》这样定义文献:"记录有知识的一切载体"。由此可见,文献由三个要素组成,知识、载体、记录方式三位一体,不可分割。

2. 文献的级别

根据文献资源的内容性质将其分为三级,即一次文献、二次文献和三次文献。

(1)一次文献

一次文献即原始文献。一般指以知识的直接生产者记录的最初发现、发明、新理论、新方法、新见解为内容出版的文献,一般人均把它当作情报信息源。属于这一类文献的有期刊论文、研究报告、会议录、专利说明书、学位论文等,这是科技人员参考得最多的基本材料。

(2)二次文献

二次文献也称第二手资料。是将大量分散、零乱的一次文献进行收集整理,著录其特征(著者、篇名、分类号、出处、内容摘要等),并按照一定的顺序加以编排,以供读者检索之用。属于二次文献的有题录、书目、索引、文摘等。它可以作为一次文献的线索,是文献检索的主体。

(3)三次文献

三次文献也叫第三手资料。一般是在利用二次文献的基础上,选用大量的一次文献,经过系统的阅读、分析、研究、整理和概括而写成的。属于三次文献的有综述、评论、述评、进展、动态、指南等,被看作是经过深层次加工的文献信息,是对已获得的成果加以评论、综述并预测其发展趋势的文献。读者借此可以了解当前发展的水平、动向,不必再一一阅读一次文献。这对于掌握战略性情报和进行决策将起到很好的作用。

(4)各层次文献之间的关系

一次文献是二、三次文献的来源和基础。从一次文献到二、三次文献,是一个由博而约、由分散到集中、由元组织到系统化的过程,从文献检索的角度来说,一次文献是检索的主要对象,二次文献是检索的工具,三次文献是检索结果的体现。

3. 科技文献的类型

科技文献是记录有科学技术信息或知识的载体。它是古今中外劳动者智慧的结晶,反映了科学研究的进展和水平,是科学研究工作必不可少的知识源泉,是人类的共同财富。作为载体的科技文献记录和传播着科技知识,它在科技交流中起着重要作用;科技文献汇集和保存了人类精神财富,被称为"第二资源",是发展科学技术的重要基础;同时科技文献也是衡量学术水平和成就的重要标志。

(1)按其外在的物质形态划分

①印刷型:即纸质文献。是一种传统的文献形式,包括石印、油印、铅印、胶印、激光排印的文献,图书、期刊、专利、科技报告、学位论文等一般为印刷型,是图书情报机构中收藏最多的文献。由于它便于直接阅读,很受读者欢迎,但有携带不便,占据空间大,易被虫蛀、鼠咬、水蚀等缺点。

②缩微型:即以感光材料为载体,采用摄影的方法把文献的影像缩小了的文献。其优点是体积小、容量大、成本低,便于复制、携带、存储,但要借助阅读机和电源才能阅读。

③视听型：一般称视听型文献为视听资料或声像资料，包括唱片、录音带、录像带、电影片、幻灯片等。这种文献可闻其声，见其形，读者容易理解，便于掌握，有很强的存储能力并能长期保存，还能反复播放和录制，是一种新型的文献类型。

④电子型：其前身称机读型，它通过计算机电子格式的信息进行存取和处理。即采用高科技手段，将信息存储在磁盘、磁带或光盘等一些媒体中，形成多种类型的电子出版物。它们不仅有高的信息存储密度，还有高的信息存取速度，并具有电子加工、出版和传递功能。这些电子出版物包括电子图书、电子期刊、电子新闻、各种联机信息库和光盘数据库产品或软盘、磁带等产品，以及电传视讯和电传文本，还包括电子邮件等等。

（2）按出版形式划分

①科技图书：图书是诸种出版物中历史最悠久的一种。它的品种最多、数量最大、范围最广。科技图书包括阅读用书（如选集、专集、全集、教科书、论文集等）、参考工具书（如字典、辞典、年鉴、手册、百科全书、大全、指南、名录、图谱、年表等）和检索工具书（如索引、目录、文摘、题录等）。

阅读用书给人们提供各种系统性、完整性、连续性的信息和知识，参考工具书给人们提供各种经过验证和浓缩的知识和数据，检索工具书则给人们提供有关文献线索或其浓缩物的信息。

②科技期刊：是采用统一名称、定期或不定期出版的连续出版物。具有出版周期短、报道速度快、内容丰富、数量大、文种多等特点。因而科技期刊能及时反映国内或国际的科技水平。据统计，从期刊方面获得的科技信息量约占整个信息来源的 65％～70％，因此，它是主要的信息源。

③专利文献：专利文献主要是指专利说明书，是专利发明人向本国或外国专利局提出的说明该项发明的目的、技术概要及专利权限的申请书和正式说明书，经过专利部门审查批准后，具有法律效力。专利文献具有实用、新颖且有独创性、报道及时、包含丰富技术信息等特点，但在利用专利文献时，应考虑它的垄断性和可靠性问题。

④会议文献：会议文献包括各种科技会议上发表的文献。会议文献拥有大量的最新情报信息，是了解科技发展动向、水平和最新成就的主要文献。但由于会议文献出版分散、形式多样，收集和检索有一定的复杂性。

⑤科技报告：是科技人员在从事某项科研工作中而撰写的阶段研究报告或研究成果的正式报告。具有单独成册、出版日期不定、内容专深、报道迅速、多为保密等特点。我国的科技报告分为内部、秘密、绝密三级。

⑥政府报告：是指各级政府所属部门发表出版的文献。分为行政性文献和科技性文献两类，科技性文献占 30％～40％，包括科技报告、科普资料、技术政策等。

⑦学位论文：是高等学校本科毕业生和研究生为获得学位而提交的学术论文。具有内容专一、阐述详细、比较系统等特点，对研究工作具有一定的参考价值。学位论文除少数可能发表在期刊上或印刷单行本外，一般不出版发行，通常保存在指定图书馆或授予学位的大学图书馆里，只供查阅或复制。

⑧标准文献：是一种具有约束力的规定性、法律性文献。它是关于工、农业产品和工程建设的质量、规格、检验方法等方面所作出的技术规定，是从事生产、建设的一个共同技术依据和

准则。通过标准文献，可以了解各国的经济政策、技术政策、生产水平、标准化水平等，是了解工业发展情况的重要参考资料。

⑨产品资料：是各国厂商为推销产品而出版发行的一种商业性宣传资料。产品资料包括产品目录、产品样本、产品说明书、产品手册、产品总览等。它能反映国内外同类产品的技术发展历程、当前的技术水平和发展动向等，具有一定的技术信息价值。但此类文献的使用寿命随产品更新周期的缩短而降低。

⑩其他科技文献：包括技术档案、科技报纸、科技图纸、科技电影、科技数据、研究文稿等。这些文献也具有一定的信息参考价值，特别是科技数据是一种新型的、具有发展前途的文献类型。

四、信息、知识和文献的相互关系

信息的内涵和外延在不断扩大，并渗透到人类社会和科学技术的众多领域，人类在接受了来自人类社会及自然界的大量信息后，通过认识、分析和重新组合，使信息系统化而形成知识。知识依附于载体上就是文献。文献是记录知识信息的物质形式，也是借以传递知识信息的工具。由于有文献的存在，人类的知识才得以保存和传播，人类的科学技术和文化才得到继承和发展。因此，信息是生产知识的源泉；知识来源于信息，是信息的一部分；文献是记录、存储、传播知识信息的载体。

第二节　知识创新、信息意识与信息素质教育

人们的知识既来源于对客观世界的观察和探索，又来源于其他个体（包括前人）的知识。因此，必须阅读科学文献，掌握有关的事实、思想、理论和方法等信息，在此基础上做进一步分析、综合和研究，才能有所创新。

一、知识创新与信息意识

美国学者 D. M. Amidor（1993 年）提出：知识创新是指科学家和工程师进行跨学科、跨行业、跨国家合作，研究共同感兴趣的问题，其研究结果加速了新思想创造、流动和应用，加速了这些新思想应用于产品和服务，以造福于人类社会的过程。狭义的知识创新是指通过学习、研究、获得和创造新知识的过程，它发生在知识生产、传播应用的全过程；广义的知识创新是指为了经济和社会利益创造、传播和利用新知识，使其转变成市场化的产品或服务，包括科研获得的新知识的传播和应用、新知识的商业化等。

知识创新需要以知识积累为前提，首先应阅读大量的科学文献，掌握有关的事实、思想、理论和方法等信息，在此基础上进一步分析、综合和研究才能有所创新。在知识积累的过程中，人们经常感到由于信息的存储过于庞大和无序，堵塞了通向知识大门的道路，耗费了大量的精力。因此，人们需要认真学习和研究获取知识的方法，掌握从大量无序信息中搜索有用的、准确的、全面的知识的技能。因此，信息检索的知识已经构成知识体系中不可缺少的一部分。

信息意识是信息在人脑中的集中反映，即社会成员在信息活动中产生的认识、观点和理论

的总和,以及人们凭借对信息与信息价值所特有的敏感性和亲和力,主动利用现代信息技术捕捉、判断、整理、利用信息的意识。同样的信息,有的人善于抓住,有的人却默然视之,这是由于个人的信息意识强弱不同造成的。有无信息意识决定着人们捕捉、判断和利用信息的自觉程度,而增强信息意识对有价值的信息和文献获取能力的提高起着关键的作用。

二、信息素质教育

信息素质(Information Literacy)一词最早是由美国信息产业协会主席 Paul Zurkowski 在美国政府报告中提出来的。他认为,信息素质是人们在工作中运用信息、学习信息技术、利用信息解决问题的能力。目前,有关信息素质的定义较多,各有不同。

美国图书馆协会认为:信息素质是人们知道什么时候需要信息并找到、评价及有效地利用所需信息的能力。信息素质能力较强的人知道如何学习,因为他们了解知识是怎样组织的,知道如何找到信息;他们能够终生学习,因为他们能够发现所有与自己职责相关的或决策所需的信息。

美国大学与研究图书馆协会认为:信息素质是一系列有关个人能意识到的信息需要并能找到、评价和有效利用所需信息的能力。从狭义上看来,信息素质包括各种有效地利用信息技术和信息资源的技能;从广义上看,信息素质是一种自由的艺术,它包括了社会、文化和哲学等内容。

因此,信息素质是指从各种信息源中检索、评价和使用信息的能力,是信息社会劳动者必须掌握的终身技能。信息素质的内涵具体包括:能意识到准确和完整的信息;了解信息需求及问题所在;制定信息检索策略;掌握信息检索技术;能评价信息;能根据实际用途组织信息、使用信息,将新信息融合到现有的知识结构中。

21世纪是信息网络和知识大发展的世纪,在信息化社会中,无论是个人还是企业,信息素质是谋生存、求发展的重要因素。对于个人来讲,只有具备信息素质才懂得在信息化社会中如何去获取、加工、存储、检索和利用信息,使其拥有不断学习和持续发展的能力。对于企业来讲,在全球一体化的市场经济竞争中,信息流已经取代物质流和能源流而居于主导地位,信息的掌握、分析和利用与企业的命运息息相关。

信息素质教育的研究在发达国家从20世纪70年代便开始进行,到了90年代已成为教育界和图书馆界的研究热点和重点。在美国,信息素质教育已成为基础教育的重要内容之一。他们对信息素质教育有系统研究,并不断总结经验,及时提出改进的意见和建议。如美国的"全国信息素质论坛"、"世纪信息素质与教育:行为纲领"研讨会和《学生学习标准》等。他们有专门的机构来组织研究工作和推行教育实践,如美国图书馆学会、美国图书馆与信息科学委员会、美国学校图书馆员协会和美国教育与交流技术协会等。可见,美国政府对信息素质教育是相当重视的。在日本,每年一度的信息学水平考试已成为仅次于高考的全国第二大考试。日本的企业常年开办培训班进行信息素质教育,提高工人的信息素质。在法国,政府提出要把信息素质教育普及到高中教学中。由此可见,信息素质教育在发达国家是相当受重视的,在其教育事业中占有重要的位置。

我国在教育规划中提出素质教育、教育信息化和信息技术教育等重大方向性问题,从一个方面反映出我国教育改革的巨人进展,然而信息技术教育只是信息素质教育的重要组成部分,无法取代信息素质教育。可以说,全面的信息素质教育还没有提到我国教育工作的议事日程。目前,我国还没有专门的机构承担研究或推行信息素质教育的重任,也没有全面系统的关于信息素质教育的要求、规范。可以说,从全民信息素质教育的角度来看,我国信息素质教育还处于起步阶段,还没有系统的研究成果。早在 20 世纪 80 年代初,我国的有识之士就提出:要提高全民利用文献信息的水平,必须把住大学这一关,使未来利用信息最多的群体——大学生,增强信息意识和提高利用信息的技能。因此,作为当代大学生应自觉接受信息素质教育,掌握现代信息技术的理论知识和方法,掌握信息的获取、组织、检索、分析和利用方法。

第二章 信息检索的基础理论与技术

第一节 信息检索的含义、基本原理和意义

一、信息检索的含义

信息检索是指将信息按一定的方式进行加工、整理、组织并存储起来,再根据信息用户的需要找出有关信息的过程。它的全过程又叫信息存储与检索,这是广义的信息检索的含义,主要是对信息工作者而言的;狭义的信息检索则仅指后半部分,即用户根据需要,借助检索工具,从信息集合中找出所需要的信息的过程。

二、信息检索的基本原理

用户的信息需求千差万别,获取信息的方法也各种各样,但信息检索的基本原理却是相同的,其核心就是对信息集合与需求集合的匹配和选择。

信息检索的基本原理如图 2-1 所示。检索系统将用户检索提问的标识与存储在检索工具中的信息特征标识进行比较,信息特征标识与检索提问标识相一致,或者信息特征标识包含了检索提问标识,那么具有这些特征标识的信息就从检索工具中输出,输出的信息线索与用户所需的信息线索大致吻合。

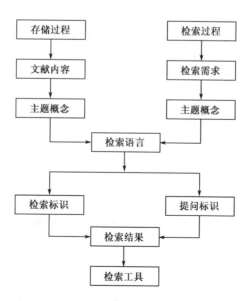

图 2-1 信息检索的基本原理示意图

三、信息检索的意义

信息检索是查找信息的方法和手段,它能使人们在浩如烟海的信息海洋中迅速、准确、全面地查找所需的信息。可以说,信息检索对人们的学习、生活和工作等方面都有非常重要的意义。

(1)信息检索在科学研究中的作用

科学研究的每一项成果都是在总结归纳了大量信息的基础上完成的,因此信息检索对科技人员来说是十分重要的,具体表现在以下几方面:

①充分地开发和利用信息资源;

②节省科研人员的时间,提高效率,减少人力、物力等方面的费用;

③是防止自身知识老化及再学习的工具;

④继承和借鉴前人的研究成果,避免重复研究,少走弯路。

(2)信息检索在生活中的作用

有人认为:我既不搞科研,也不搞管理,信息检索可能与我无关。在过去可能是这样,但由于网络的出现,改变了我们的生活。现在,有些发达国家和一些地区已实现了衣、食、住、行等诸多问题都可以在信息网络上解决,离开了信息检索将很难生活。

总之,信息检索知识和技能,已成为人们知识结构中不可缺少的最重要的组成部分。学习信息检索知识和操作技能对于培养复合型、开拓型人才具有十分重要的意义。

第二节　信息检索类型

根据检索对象,信息检索可区分为不同的类型。

一、文献检索(Document Retrieval)

以文献或其索引、文摘为检索对象,目的是核实已知文献的不确切项目,如著者、年代、出处等,或查检某课题原始文献的线索及它们的具体收藏情况。一般说来,文献检索是一种相关性检索,它只提供有关的参考文献,而不直接回答用户的技术问题。

二、数据检索(Data Retrieval)

以数据为检索对象,可直接选择专业的数据性工具从中查检,从而得到数值性数据、图表、化学结构式、计算公式等,它们都是经过人们精心测试、绘制、评价、处理而得出的确切数据。数据检索是一种确定性检索,用户可直接使用检索结果,无需查阅原始文献,因此可大大节约时间,提高工作效率。

三、事实检索(Fact Retrieval)

以特定的事实为检索对象,先选择适宜的检索工具,按一定检索标识,直接从中检出事实性、知识性的答案。事实检索也是一种确定性检索,要求提供用户所需的确定的事实。

第三节　信息检索工具

信息检索工具的选择,将直接影响检索工作的好坏。常见的信息检索工具见表 2-1。在进行文献检索时应针对具体问题,选择专业对口、收录范围适当、质量好的检索工具。

检索工具的种类　　　　　　　　　　　　　　　　　　　　　　　表 2-1

划分标准	名　称		举　例
按载体	手工检索工具		各种手工检索目录卡、各种书本式检索刊物
	计算机检索工具		各种类型的计算机检索软件
按出版形式	卡片式		书目卡、分类卡
	书本式	期刊式	各种定期或不定期出版的检索刊物
		单卷式	按专业、专题出版的检索刊物
		附录式	附于书刊后的参考文献和引用文献目录
	缩微式		缩微胶片
	磁性材料、磁盘、磁卡、光盘		记录各种信息的计算机用载体
按收录文献类型	单一型	各种专题目录(索引)	各种单一型检索工具,如专利、标准、报告等的检索工具
	综合型	各种(含多种)文献类型、各种专业的检索工具	如 EI、SCI、CA 等
按编著方式	目录	国家书目	各国国家书目
		馆藏、联合目录	为资源共享而编制的目录
		出版商目录	出版商报道、宣传用目录
	题录	最新期刊次页汇编	直接采用最新出版的重要期刊的目次页或校样加以编排而成
		期刊论文题录	将期刊文章按篇名关键词编排而成
		分类性题录型检索工具	按某种分类体系组织全部题录款目而成
	文摘	指示性文摘	简单概述原文主题内容的文摘
		报道性文摘	含定性、定量信息的文摘,参考价值较高,大多数文摘属于此类
		评述性文摘	带有文摘员个人观点的文摘
	索引	篇名索引	一般附在各种文摘后面
		内容索引	

实际上,表 2-1 划分的检索工具类型相互之间都有一定重复或交叉,只是分类的角度不同而已。在科技界,人们比较习惯于按编著方式来划分检索工具的类型,编著方式的各类检索工具具体如下:

一、目录型检索工具

目录主要报道实有的文献或收藏文献的情况,以一个完整的出版(或收藏)单位作为著录的基本单位。此类检索工具对于查找、索取原始文献具有重要作用。

二、题录型检索工具

题录是用来描述某一文献的外表特征并由一组著录项目构成的一条文献记录,题录通常以一个内容上独立的文献单元(如一篇文献,图书中的一部分,有时也是整体出版物)为基本著录单位,这是它与目录的主要区别。两者的相同点是它们都只限于描述文献的外表特征。题录实质上是一种不含文摘正文的文摘条目。在揭示文献内容的深度方面,题录比目录做得深入一些,但又比文摘条目浅。

三、文摘型检索工具

文摘是指对文献内容简洁而又正确的摘录,供人们浏览和查用,使读者能以较少的时间与精力掌握有关文献的基本内容而进行系统查找。文摘型检索工具是系统报道、积累和检索科技文献的主要工具。文摘型检索工具按文献的压缩程度,可划分为指示性文摘、报道性文摘和评述性文摘。

四、索引型检索工具

索引型检索工具又可分为内容索引和篇名索引。内容索引是将文献中各种知识单元,如主题、著者、地名、分子式、号码等,按一定的原则和方法排列起来并指明其出处的一种检索工具。科技文献的索引型检索工具一般是一种辅助工具,是检索工具的组成部分。索引在检索工具中起重要作用,掌握各种检索工具的实质是掌握各种索引的使用方法。检索工具中经常使用的索引类型包括分类索引、主题索引、著者索引等。

第四节　信息检索语言

一、信息检索语言的概念和作用

1. 检索语言的概念

检索语言是一种人工语言,它是各种信息组织、存储和信息检索时所用的一种语言。无论是传统的手工检索系统,还是现代的计算机检索系统,都是通过一定的检索语言组织起来的,并为检索系统提供一种统一的、标准的用于信息检索的专用语言。也就是说,信息资源在存储过程中,其内容特征和外部特征按照一定的语言来表达,那么检索文献信息的提问也必须按照统一的语言来表达。为了使检索过程快速、准确,检索用户与检索系统需要统一的标志系统。这种在文献信息的存储与检索过程中共同使用、共同理解的统一的标志就是检索语言。

2. 检索语言的作用

检索语言的作用是标引文献内容、数据和其他信息,把信息的内容特征及其外表特征简明而有效地揭示出来;是连接标引人员和检索人员的思想桥梁,是标引人员和检索人员之间共同遵循的标准语言。它保证了文献信息存储的集中化和系统化,并使众多的文献信息高度的标准化、集中化和系统化,避免检索的漏检和误检,使有规律的检索成为可能。

二、信息检索语言的种类

检索语言的种类很多。按描述文献特征的不同,检索语言可分为描述文献外表特征的检索语言和描述文献内容特征的检索语言。描述文献外表特征的检索语言包括题名(书名、篇名)、著者姓名、号码(专利号、报告号、标准号等)和引文语言(被引用著者姓名和被引用文献的出处)等。描述文献内容特征的检索语言包括分类检索语言、主题词检索语言和代码检索语言三种(图 2-2)。

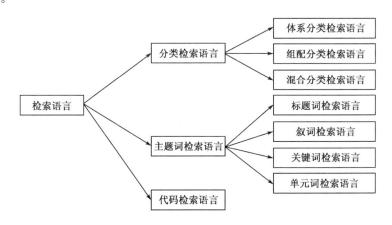

图 2-2　描述文献内容特征的检索语言示意图

1. 分类检索语言

分类检索语言又分为体系分类检索语言、组配分类检索语言和混合分类检索语言。目前使用最广泛的是体系分类检索语言。

体系分类检索语言也叫分类语言,是一种按科学范畴和体系来划分事物的检索语言,按其所属的学科性质进行分类和排列,以阿拉伯数字或以拉丁字母和数字混合作为类目标志符号,以类目的从属关系表达复杂概念及其在系统中的位置,甚至还表示概念与概念之间关系的一种检索语言。体系分类检索语言是一种直接体现学科知识分类的等级制概念的标志系统,是通过对概括性文献信息内容特征进行分类的检索语言。

分类语言的具体表现形式就是分类法,广泛用于图书、资料的分类和检索,它是图书情报界使用最普遍的一种检索语言,它的具体体现形式就是图书分类法。国际上比较著名的分类法有 IPC、DDC、LC、ICS;我国目前比较流行的有《中国图书馆图书分类法》(简称《中图法》)、《中国科学院图书馆图书分类法》(简称《科图法》)、《中国人民大学图书馆图书分类法》(简称《人大法》)等。

2. 主题词检索语言

主题词检索语言也称为主题词语言,是经过选择、用于表达文献信息内容的词语作为概念标志,并将概念标志按字顺排列组织起来的一种检索语言。经过选择的词语叫主题词,主题词表是主题词语言的体现,词表中的词语作为文献内容的标志和查找文献的依据。根据词语的选词原则、组配方式、规范方法,它又可分为标题词检索语言、叙词检索语言、关键词检索语言、单元词检索语言等。

(1)标题词检索语言

标题词检索语言也称为标题词语言,又称为标题法。它是经过标准化处理的表达文献所论述或涉及的事物概念的词、词组或短句作为标志的一种检索语言。例如,一篇关于计算机的设计和另一篇计算机维修的文章,都可以直接用"计算机"来做标题词,它们在标题词系统中都是按"计"字排列集中在一起的。

(2)叙词检索语言

叙词检索语言又称为叙词语言,是从文献中优选出来,经严格规范化处理的名词或名词词组,通过组配来标识文献内容或主题的一种标志系统。叙词语言就是以叙词作为文献检索标志和查找依据的一种检索语言。它既表达文献内容特征,词与词之间又有严密的语义关系。

(3)关键词检索语言

关键词检索语言也称为关键词语言,是指出现在文献标题、文摘、正文中对表达和揭示文献内容具有实质意义的词语。关键词不是规范词,关键词语言的基本原理是直接以自然语言的单词作为表达文献和提问的标志。由于关键词能直观、深入地揭示信息中所包含的知识,而且符合人们的思维方式,因此关键词法在信息组织中得到了广泛的应用。互联网上各种各样的搜索引擎和数据库大多采用关键词法组织信息资源,如网易、搜狐等,中国科技期刊数据库等也使用了关键词法来组织信息。但由于关键词法的词语不规范,影响了文献信息的查全率和查准率。

(4)单元词检索语言

单元词是规范的自然语言,是指从文献中抽取出来最基本的、不能再分割的单元词语的一种检索语言,又称元词。它从文献内容中抽出、经过规范化、能表达一个独立的概念。单元词之间具有灵活的组配功能,用来标引文献的主题概念,所以又称其为后组式检索语言。例如,"计算机"和"软件"是表达两个独立的概念。可是"计算机软件"又可以组合成一个复合概念。因此单元词的组配仅限于字面上的组配。单元词表比较简单,只有一个字顺表,较完备的单元词表是由一个字顺表和一个分类词表组成。常用的单元词语言检索工具有《化学专利单元词表》和《世界专利索引(WPI)——规范化主题词表》等。

3. 代码检索语言

代码检索语言是对文献所论述事物的某一方面的特征,用某种代码系统加以描述和标引的语言,如化学物质的分子式、化学物质登记号、基因符号等。

第五节　信息检索途径与方法

一、信息检索的途径

文献信息检索的途径很多,概括起来有 6 种。

1. 书名、刊名及篇名途径

根据书刊名称或文章的篇名所编成的索引和目录来检索文献信息的一种途径。检索工具有"图书书名目录"、"期刊刊名目录"、"会议资料索引"等目录索引。这类检索工具一般按图书、期刊、资料的名称字顺序编排和检索,多用于检索馆藏图书和期刊。

2. 著(译)者途径

根据著(译)者(个人或某一团体)的名称来查找文献信息的一种途径。检索工具有"著者目录"、"著者索引"等。目录索引均按著者姓名字顺序排列和检索。由于从事科技研究的人员都有专长,发表的文献一般都有连贯性和系统性,所以通过著者索引可以检索到某著者对某一专题研究的主要文献信息,缺点是所查得的文献信息不系统、不完整。

3. 序号途径

按照文献信息出版时所编的号码顺序来检索文献信息的一种途径。检索工具有"专利号索引"、"标准号索引"、"报告号索引"、"收藏号索引"等。索引一般都按大写缩写字母加号码顺序编排,使用这类索引时必须先借助其他途径了解有关文献信息的号码。

4. 分类途径

按照文献信息主题内容所属学科类别来进行检索的一种途径。检索工具有"分类目录"、"分类索引"等。索引按学科体系编排文献信息,用分类途径就能把同一学科的文献信息集中在一起检索出来。缺点是由于分类法使用的是先组式语言,类目设置是直线性排列,一些新兴学科、边缘学科的文献难以给出确切的类号,易造成误检、漏检,也难以满足多维信息检索要求。因此,从分类途径查找文献,一定要掌握学科的分类体系及有关规则。

5. 主题途径

按照文献信息的主题内容进行检索的一种途径。检索工具有"关键词索引"、"主题索引"、"叙词索引"等。此途径是利用从文献信息中抽出来能代表文献信息内容实质的主题词、标题词、关键词、叙词、单元词,并按其字顺序排列的索引来检索。这一检索途径的优点是用文字作检索标识,表达概念灵活、准确,能把同一主题内容的文献集中在一起,同时检索出来。

6. 分子式途径

以化学物质的分子式作为检索的标识来检索文献信息的一种途径。使用的检索工具是"分子式索引"。从"分子式索引"中查出化学物质的准确名称,然后转查"化学物质索引",该途径主要在美国《化学文摘》中使用。

二、信息检索的方法

为了迅速、准确地查到所需的文献信息,必须掌握一定的检索方法。由于主观上受个人的实际经验、知识结构、对检索工具了解的广度和深度、认识问题的方法等因素的影响;客观上又受制于检索工具、检索时间和物理环境等因素的影响,因此,对同一个问题不同的检索者有不同的查找方法。目前广大科技人员经常使用的检索方法有以下 4 种。

1. 追溯法

利用著者在最新发表的文献后面所附的参考文献为线索,由近到远,进行逐一追踪的查找方法。此法的优点是不需要利用检索工具,查找方法简单;缺点是检索效率不高、漏检率较大。

2. 常用法

直接利用检索工具查找文献信息的方法。常用法又可分为顺查法、倒查法、抽查法 3 种。

(1)顺查法

它是以课题研究的起始年代为起点,由远及近、利用检索工具逐年进行查找。此法的优点是查全率高,缺点是费时费力。

(2)倒查法

它是从近期向早期回溯,由近及远,逐年查找。此法多用于查找新课题或有新内容的老课题,需要的是最近发表的文献,因此一旦掌握了所需的文献信息即可中止检索。此法的优点是节约时间,缺点是漏检率较高。

(3)抽查法

它是根据学科发展的特点,抓住其研究的兴盛期(若干年)进行查找。因为某学科处于兴盛期时不但其文献数量远远高于其他时期,而且新的观点、新的理论也会在这个时期产生,所以抽查法是检索时间较少、获得文献较多、检索效率较高的一种方法。

3. 循环法

循环法又叫分段法。循环法是前两种方法的结合,即首先利用检索工具查找一部分资料以后,为了了解其前因后果,再利用这部分资料的引文继续追查的方法。利用这种方法能够保证所查的资料比较全面、系统。

4. 排除法、限定法

排除法是指对查找对象的产生和存在的状态在时间上和空间上加以外在否定,通过这种方法极大地收缩检索范围。限定法是相对于排除法而言的,是指对查找对象在时间上和空间上加以内在的肯定。

第六节 计算机检索的基本技术

一、计算机检索的发展阶段

计算机信息检索经过了 40 多年的研究和实践,经历了 3 个大的发展阶段,在理论和应用上都取得了重大的发展,出现了众多新型的检索系统。

1. 20 世纪 50 年代末至 60 年代末

国外研制和建立了许多信息检索系统,并取得了一定的进展。其工作方式是传统的批处理检索方式。这一阶段的数据的存取与数据的通信能力比较差。

2. 20 世纪 70 年代末至 80 年代初

产生并发展了联机情报检索系统。其中,美国国家医药图书馆中心建立的在线计算机图书中心 OCLC (Ohio College Library Center)、SDC 公司建立的 System Development Company 及 Lockheed Corporation 公司的 Dialog 系统都是在线商用数据库查询系统。这一阶段的特点是联机数据库集中管理,具有完备的数据库联机检索功能,但其数据库通信能力较差。

3. 20 世纪 90 年代以来

以因特网的出现为标志。系统大多采用分布式的网络化管理,其信息资源的主要特点是:数字形式表达、多媒体和多载体、内容覆盖社会各领域、分布无序、难于规范化和结构化、内容特征抽取复杂、用户界面要求较高等。这些特点使得信息结构从结构化到非结构化;系统功能从单纯信息检索到综合信息管理和服务等。其中较著名的系统如 Alta-vista、Yahoo!、Web Crawler 等。

在前三个阶段的基础上,随着连续性语言识别技术的不断发展,计算机信息检索系统跨入了一个新的阶段。目前,信息检索技术正向两个方向发展:一是传统信息检索向全文检索和基于内容的多媒体等新型信息检索发展,在深度上应能对提问的内容进行分析和理解,提高查准率,探索自动抽词、自动索引、自动检索、自动文摘、自动分类、自动翻译等解决方案,提高管理和组织信息的能力;二是信息资源的网络化的分布,面对因特网中浩瀚无垠的资源,提高查全率,以及基于概念的信息检索和基于内容的信息检索与超文本网络信息检索系统的研究。

二、计算机信息检索技术

所谓检索技术是指从结构化信息(数据库)和非结构化信息(文本)中获取满足检索要求的信息的技术与方法。目前,常用的检索技术有布尔逻辑检索、截词检索、位置检索、加权检索、全文检索、超文本检索等。

1. 布尔逻辑检索

布尔逻辑检索是指采用布尔逻辑表达式来表达用户的检索需求,并通过一定的算法和实现手段进行检索的过程。布尔逻辑表达式是采用布尔逻辑算符来连接检索项,以及表示运算优先级的括号组成的一种表达检索要求的算式,即逻辑提问式。常用的布尔逻辑算符有:逻辑或(or)、逻辑与(and)和逻辑非(not)三种。

(1)逻辑或

逻辑或运算符"or",在检索表达式中通常用"+"表示。如检索词 A 和 B 用逻辑或"or"组配的提问式可写为:A or B 或者 A+B。

A+B 在检索过程中的含义是:查找信息源中凡含有检索词 A 或 B 的所有信息均为命中对象。因此,使用逻辑或可使检索命中结果的范围扩大,达到了扩检的目的,从而提高查全率。

(2)逻辑与

逻辑与运算符"and",在检索表达式中常用" * "来表示。如检索词 A 和 B 用逻辑与"and"组配的提问式可写为:A and B 或者 A * B。

A * B 在检索过程的含义是:只有同时含有 A、B 两个检索词的信息才是命中信息。因此,通过对检索词之间的逻辑与运算,增强了查找的专指性,可提高查准率。

(3)逻辑非

逻辑非运算符"not",在检索提问式中通常写为"－",是一种排除性运算,－B 就是排除了检索词 B。因此,要谨慎使用逻辑非运算符,否则会造成漏检现象。实际检索中,在一个检索结果中使用逻辑非运算可用来排除指定的某类信息,以提高查准率。

布尔逻辑运算次序为:括号内的逻辑运算优先执行,括号有多层时,最内层括号中的运算最优先执行。但对于运算符 or、and 和 not,它们的运算优先次序在不同的系统中有着不同的规定。

在 Dialog 系统中,以 not、and 和 or 的次序执行;在 Stairs 系统中,以 and 和 not 同级,并优先于 or,它们依其自然顺序执行,or 最后执行;在 Univas 系统中,以 and、not 和 or 的次序执行。

在实际应用中应注意,对同一个布尔逻辑提问式来说,不同的运算次序将会导致不同的检索结果。因此,在编制逻辑提问式之前,应当熟悉正在使用的检索系统的逻辑提问式的规则,以避免出现错误表达式。

2. 截词检索

截词检索主要是利用检索词的词干或不完整的词型进行检索,其方法是在词干后可能变化的字符位处加上截词符号。不同的检索系统对截词符的设定各不相同,在 Dialog 系统中使用"?"作为截词符。截词符号的使用,既可减少检索词的输入量,又可简化检索步骤,扩大检索范围,提高查全率,节省上机时间,降低检索费用。截词检索根据截词符的位置不同可分为有限截词和无限截词两种。

(1)有限截词

有限截词即在检索词的词干后加一个或一个以上的(最多不超过 4 个)"?",然后空一格,再加一个"?"。前面的 1~4 个"?"表示限定所截字符的位数,最后一个"?"表示截词停止的符号,如"? S alloy??? ?"可检出含"alloy、alloying、alloyed"的文献。

(2)无限截词

无限截词即在检索词的词干后加一个"?",表示不限制词尾部可变化的字符位数。如"? S program?"可检出含"program、programs、programing"等词的文献。

无限截词也可用于 PY 字段,如"? S PY＝199?"可检出 1990~1999 年出版的文献。

无限截词形式有前截断检索(后方一致)、后截断检索(前方一致)、前后截断检索(中间一致)、屏蔽检索四种。

①前截断检索。是指要求检索词与被检索词实现词间的后部相同。如检索式"? magnetic"可检索出含有"magnetic"以及"paramagnetic"的文献记录。

②后截断检索。是指要求检索词与被检索词实现词间的前部相同。如"computer?"可检索出含有"computer"和"computers"的记录。

③前后截断检索。是指要求检索词与被检索词实现词间只需任意部分相一致即可。

④屏蔽检索。是指在一个字符串中插入一个或多个的屏蔽符号"?",在问号的相应位置上可置换数目相当的字符。采用屏蔽检索可避免漏检,提高查全率。如"? S orgni? ation"可检

出含"orgnisation"和"orgnization"的文献。

不论使用何种截断方式,其机理均是把满足条件的词间全部用逻辑或组配进行检索,因此,在使用截词符时,事先要充分估计满足条件的所有词汇,以避免误检现象。

3. 位置检索

位置检索是限定检索词在原始信息中出现的相对位置的检索,位置检索由位置算符来表达。以下是系统中常用的位置算符:

(1)(W)——"With"

(W)表示两侧的检索词必须前后相邻,顺序不得颠倒,两词之间不能插入任何词,但允许有空格或连字符号。如"? S well(W)logging"相当于检索"well logging"和"well-logging"。

(2)(nW)——"n-With"

(nW)表示两侧的检索词之间最多允许插入 n 个词,但两个检索词的词序不允许颠倒。

(3)(N)——"Near"

表示两侧的检索词必须前后相邻,中间不能插入其他字符,但两词词序可颠倒。

(4)(nN)——"n-Near"

(nN)表示两侧的检索词之间可拥有 0～n 个单词,且检索词的词序可颠倒。

(5)(S)——"Subfield"

(S)算符要求参加运算的检索词必须出现在同一自然句中,两词词序不受限制,词间可含任意个词。如"? S solar(S) energy"。

(6)(F)——"Field"

(F) 表示两侧的检索词必须同时出现在文献记录的同一个字段内,如出现在篇名字段、文摘字段、叙词字段、自由词字段等,但两个检索词的前后顺序不限,且加在两个检索词中间的词数不限,如"? S oil(F)refining/TI"。

(7)(L)——"Link"

(L) 表示两侧的检索词之间有一定的从属关系,(L) 前为一级主题词,后为二级主题词,起修饰和限定一级主题词的作用,如 "? S energy policy(L)China"。

(8)(C)——"Citation"

(C)表示两侧的检索词出现于同一文献记录中,但前后顺序和字段均不限。其作用相当于布尔逻辑运算符与"and",如"? S air(C)pollution"。

4. 加权检索

加权检索是指根据用户的检索需求来确定检索词,并且再根据每个检索词在检索要求中的重要程度不同,分别给予一定的数值(权值)加以区别,同时给出检索命中界限值(阈值)进行限制。进行加权检索时,利用检索词查找数据库,每条命中记录将其所包含的检索词根据检索时所限定的权值,分别计算命中记录的权值之和。当已检出记录的权值之和超过或达到阈值时,为命中信息。目前,常用的加权检索方法有词加权、词频加权和法定数加权检索等。

5. 全文检索技术

全文检索(Full-Text Retrieval)是指以文本信息作为检索对象建立全文数据库,除了具有布尔逻辑检索功能外,还具有文本检索功能,并允许用户以自然语言检索,直接获得原文中有关章节和段句。

全文检索技术的出现,导致了信息领域的一场革命。比起标引检索来,全文检索提供了全新的、强大的检索功能,可以直接根据文献资料的内容进行检索,支持多角度、多侧面地综合利用信息资源;全文检索技术是发现信息、分析和过滤信息、信息代理、信息安全控制等领域的主要技术基础。以全文检索为核心技术的搜索引擎已经成为网络时代的主流技术之一。

6. 超文本信息检索技术

超文本信息检索技术是以超文本网络为基础的文献检索技术。正文信息是以节点而不是以字符串作为信息的基本单元,节点间通过链进行链接。在检索文献时,节点间的多种链接关系可以动态地选择,从而可根据思维联想或新信息的需要,通过链从一个节点跳到另一个节点,由此形成随着人们思维和需要的流动而构成的数据链,体现出一种完全不同于过去顺序检索方式的联想式检索。

目前,已建立了多个基于超文本的小型检索系统,如 Alta vista、Yahoo!、Web Crawler、Lycos、Infoseek 等著名的网络检索系统。这些系统检索速度快,数据资料新,具备多种查询方式,极大地方便了用户使用互联网,提高了全文检索的另一指标——查全率。

三、计算机信息检索的流程、策略及效果评价

1. 信息检索的基本流程

信息检索是根据课题的要求,利用各种有关的检索工具,按照一定的检索程序和方法,采用各种检索策略查找信息的过程。查找信息的过程一般有以下 6 个步骤。

(1)分析课题

在进行课题检索前,必须首先对课题进行认真、细致的分析,明确检索目的与要求,以便检索工作的顺利进行和获得较好的检索效果。具体可从以下几个方面着手:

①分析主题内容。通过主题分析,形成检索需要的主题概念,以便确定检索途径。

②分析课题所涉及的内容及学科范围,以便确定有关检索标识(分类号)及选择合适的检索工具和检索文档。

③分析课题所需信息的类型,包括文献载体、出版类型、所需文献量、年代范围、涉及语种、有关著者、机构等。

④确定课题对查新、查准和查全的指标要求。总的来说,若要了解某学科、理论、课题、工艺过程等最新进展和动态,则要检索最近的文献信息,强调"新"字;若要解决研究中某具体问题,找出技术方案,则要检索有针对性、能解决实际问题的文献信息,强调"准"字;若要撰写综述、述评或专著等,要了解课题、事件的前因后果、历史和发展,则要检索详尽、全面、系统的文献信息,强调"全"字。

(2)检索系统的选择

根据已确定的检索范围和要求来选择检索系统。要了解哪些检索工具及数据库中收录了与所查课题有关的文献信息,且文献信息较丰富、质量较高等。查找时,一般先利用综合性的检索工具,然后再利用专业性的检索工具。

（3）检索途径确定

不同的检索入口,有相应的检索路径,称作检索途径。归结起来,有主题、分类、著者、名称、序号等。如果课题要求是泛指性较强的文献信息,则最好选择分类途径;如果课题要求是专指性较强的文献信息,则最好选择主题途径;如果已知文献著者、分子式、专利号、标准号、报告号等条件,则利用著者途径、分子式途径、序号途径等进行检索。若能将这些途径配合使用,则效果更好。

（4）选择检索方法

在着手使用检索工具之前,还要确定使用哪段时间的检索工具,即选择检索方法,如顺查法、倒查法、抽查法,以保证文献信息检索的质量和效率。

（5）查找文献线索

上述几步完成后,在检索工具（或检索文档）中根据检索标识查找各种索引,按所查索引的使用方法,查出文献信息的文摘号,再根据文摘号查出文献信息的篇名、文种、来源等线索和内容摘要。

（6）获取原始文献

阅读文摘后,若想进一步阅读原文,选择在线浏览或下载全文。如果检索系统没有提供全文,则可记下文献信息的出处,利用有关工具书查出刊名缩写的全称,再通过查馆藏目录或联合目录,到国内有关图书信息部门借阅原文或去函联系复印。

2. 信息检索策略制定

所谓检索策略就是为了实现检索目标而制定的全盘计划和方案,包括选择检索系统和数据库、检索途径的选择、编制检索提问式等。检索策略是影响检索效果的最重要的因素。构造检索策略时往往需要各方面的知识和技能,不仅要了解检索系统的特性及功能,了解所检索的数据库,掌握检索方法,还需要了解所检课题方面的专业知识等。在检索过程中,检索策略需根据检索效果的评价结果来修正和完善,因此一个完整的检索策略应是一个动态的执行过程,检索策略执行过程示意图见图 2-3 。

其中,编制检索提问式的过程是计算机检索成败的关键,检索提问式是由检索项和逻辑算符构成。检索项主要有语词性检索项和非语词性检索项两种形式,语词性检索项是各种数据库中必不可少的基本检索项,常用的语词性检索项分为受控词及其受控词与字段符号组合和非受控词及其非受控词与字段符号组合。语词性检索项包括主题词,即单元词、关键词、标题词、叙词、自由词等;非语词性检索项包括分类号、专利号、年代号、登记号、期刊代号、书号、语种代号等;逻辑算符包括布尔逻辑算符、截词符、位置算符等。

3. 信息检索效果评价

文献检索完成后,要根据一定的评价指标对检索结果进行科学的评价,以找出文献检索中存在的问题和影响检索效果的各种因素,以便提高检索的有效性。常见的评价指标有查全率、查准率、漏检率、误检、收录范围、响应时间、用户负担和输出形式等。其中最主要的指标是查全率和查准率。

查全率是指检索出的相关文献量占系统中所有相关文献总量的百分比,用来反映检索的全面性。查准率是指检索出与主题相关的文献量占所有检出文献总量的百分比,用来反映检索的准确性。

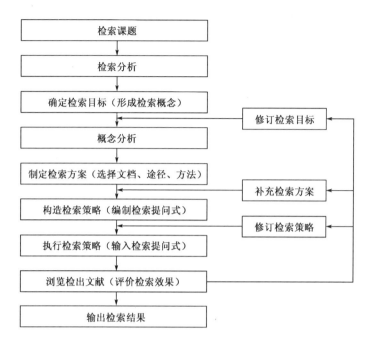

图 2-3　检索策略执行过程示意图

查全率和查准率均可以用公式来表示：

$$查全率(R) = \frac{a}{a+c} \times 100\% \tag{2-1}$$

$$漏检率(M) = \frac{c}{a+c} \times 100\% \tag{2-2}$$

$$查准率(P) = \frac{a}{a+b} \times 100\% \tag{2-3}$$

$$误检率(N) = \frac{b}{a+b} \times 100\% \tag{2-4}$$

式中：a——被检出的相关信息；

　　b——被检出的非相关信息；

　　c——未检出的相关信息。

漏检率是查全率的补数，误检率是查准率的补数。

查全率和查准率是两个互补的关系。在一个特定的检索系统中，当查全率不断提高的同时，查准率就会降低，而当查准率提高的同时，查全率又会降低。但值得引起注意的是，当查全率和查准率都很低的时候，两者可以通过检索策略的改善同时得到提高。

用户查找信息的目的各不相同，对查全率和查准率的要求也不同。有时寻找特定的事实并不关心一次检索中漏检了多少，或检索某个主题时并不在乎误检了多少。因此，可根据用户需要，选择合适的查全率和查准率要求。

相关性是用户判断信息与信息需求之间关系的标准。信息系统回答的不是用户提问本身，而是检索式表达的信息提问。因此，检出的是与信息提问相关的信息，但不一定是对用户切题的信息。

第三章　中文常用数据库信息资源检索

第一节　维普期刊资源整合服务平台

一、平台简介

维普期刊资源整合服务平台,是维普公司集合所有期刊资源从一次文献保障,到二次文献分析,再到三次文献情报加工的专业化信息服务整合平台;是一个由单纯提供原始文献信息服务,过渡延伸到提供深层次知识服务的整合服务系统。

使用服务平台的用户必须是维普期刊资源整合服务平台的注册用户、镜像站点的用户以及已建立镜像站点的单位内部网络的各个终端。进入维普期刊资源整合服务平台有两种方式:一是通过超链接的方式,由各图书馆主页上的链接进入维普仓储式在线出版平台主页面(图3-1);二是直接在地址栏中输入网址 http://www.cqvip.com 进入维普仓储式在线出版平台主页面,然后点击主页面左上角的"专业版"进入维普期刊资源整合服务平台。维普期刊资源整合服务平台(V6.5版)包含4个功能模块(图3-2),分别是:"期刊文献检索"模块、"文献引证追踪"模块、"科学指标分析"模块、"搜索引擎服务"模块。

图 3-1　维普仓储式在线出版平台主页面

二、"期刊文献检索"模块

1. 模块简介

"期刊文献检索"模块是对原《中文科技期刊数据库》文献检索及全文保障功能的有效继承,并在此基础上做了流程梳理和功能优化,同时还新增加了文献传递、检索历史、参考文献、基金资助、期刊被国内外知名数据库收录的最新情况查询、查询主题学科选择、在线阅读、全文快照和相似文献展示等功能。

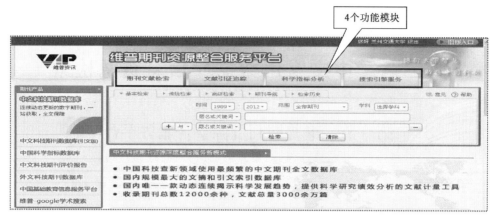

图 3-2　维普期刊资源整合服务平台镜像站点页面

2. 检索方法

"期刊文献检索"模块提供了基本检索、传统检索、高级检索、期刊导航和检索历史等 5 种检索方式。

（1）基本检索

用户登录期刊资源整合服务系统后，系统默认的功能模块为"期刊文献检索"，"期刊文献检索"的默认检索方式为基本检索。在基本检索首页可以进行如下操作，见图 3-3。

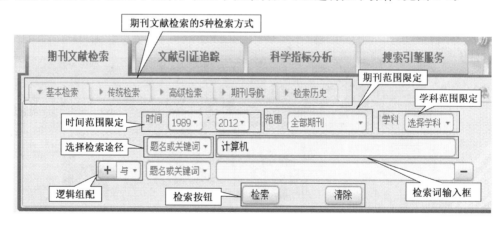

图 3-3　基本检索页面

在基本检索页面有多项检索范围限定条件，使用下拉菜单选择时间范围（1989－2012）、期刊范围（全部期刊、核心期刊、EI 来源期刊、CA 来源期刊、CSCD 来源期刊、CSSCI 来源期刊）、学科范围（包括管理学、经济学、图书情报学等 45 个学科，勾选复选框可进行多个学科的限定）等限定条件。

选择检索途径，系统提供了任意字段、题名或关键词、题名、关键词、文摘、作者、第一作者、机构、刊名、分类号、参考文献、作者简介、基金资助、栏目信息等 14 个检索途径；在检索词输入框中输入与所选定的检索途径相对应的检索词（题名、关键词、作者、刊名等检索内容条件），多个检索途径采用逻辑运算符组配，点击"检索"按钮进行检索。

（2）传统检索

原《中文科技期刊数据库》的检索模式，在"期刊文献检索"模块页面点击"传统检索"进入检索页面（图3-4）。系统提供导航和主题两种检索途径，外加各种修饰和限定条件，如同义词、同名作者、期刊范围、年限等。

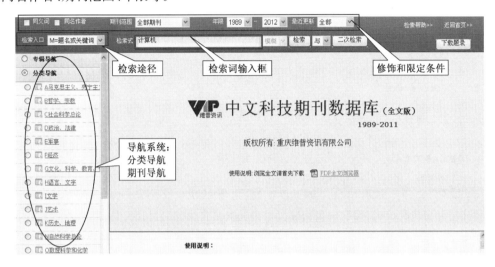

图 3-4　传统检索页面

学科分类导航是树形结构，参考《中国图书资料分类法》进行分类。选中某学科节点后，任何检索都局限于此类目下，连续对选择学科类目单击，可追溯到三级类目。

同义词：选框默认关闭，选中前面的复选框即打开（注意：只有选择了关键词检索途径时才生效）。例如，输入关键词"悬索桥"，单击"检索"按钮，系统会指出同义词"吊桥"、"钢索桥"、"缆拉桥"等，检索者可以选择是否同时作为检索条件。

同名作者：选框默认关闭，选中前面的复选框即打开（注意：只有选择了作者或第一作者检索途径时才生效）。输入作者姓名检索时，系统提示同名作者的单位列表，检索者可以选择单位作为检索条件，这样就可以获得精确检索的结果。

（3）高级检索

在"期刊文献检索"模块页面点击"高级检索"进入检索页面，高级检索页面提供向导式检索（图3-5）和直接输入检索式检索（图3-6）两种方式。运用逻辑组配关系，查找同时满足几个检索条件的中文科技期刊文章。

①向导式检索。向导式检索提供分栏式检索词输入方法。可选择逻辑运算、检索项、匹配度外，还可以进行相应字段扩展信息的限定，最大限度地提高了"查准率"。向导式检索的操作严格按照由上到下的顺序进行，检索时可根据检索信息需求先选择检索途径，然后选择逻辑组配关系进行检索。例如，查找有关兰州交通大学蔺鹏臻老师发表的有关斜拉桥方面的文献，可以通过下面的检索方法进行准确查找。

在向导式检索界面的扩展功能区，只需要在某一功能按钮前面的输入框中输入需要查看的信息，然后点击该功能按钮，即可得到系统给出的提示信息。

②直接输入检索式检索。用户可直接在输入检索式检索页面的检索框中输入逻辑运算

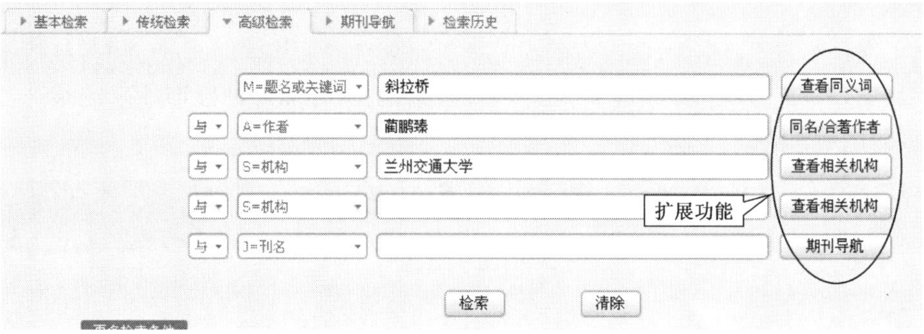

图 3-5　向导式检索页面

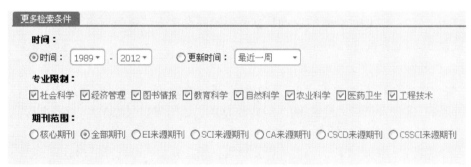

图 3-6　直接输入检索式检索页面

符、字段标识等,使用更多检索条件并对相关检索条件进行限制后点"检索"按钮即可。系统在执行检索指令时:无括号时逻辑与"﹡"优先,有括号时先括号内后括号外,括号"()"不能作为检索词进行检索。

高级检索的向导式和直接输入检索式两种检索方式页面,检索范围的限定条件相同(图 3-7),包括时间、专业限制和期刊范围 3 个限定项。

图 3-7　高级检索页面的检索范围

(4)期刊导航

在"期刊文献检索"模块页面点击"期刊导航"进入检索页面,期刊导航页面分检索和浏览两种方式(图 3-8)。

①检索方式。提供刊名检索、ISSN 号检索查找某一特定刊,按期次查看该刊的收录文章可实现刊内文献检索、题录文摘或全文的下载功能,同时可以查看期刊评价报告(图 3-9)。

图 3-8　期刊导航检索页面

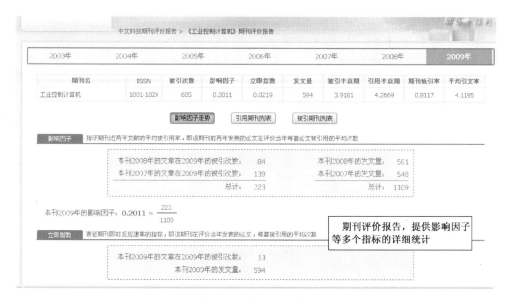

图 3-9　期刊评价报告页面

②浏览方式。提供按刊名字顺浏览、期刊学科分类导航、核心期刊导航、国内外数据库收录导航、期刊地区分布导航。其中新增核心期刊导航,反映最新核心期刊收录情况,同时更新最新国内外知名数据库收录期刊情况(图 3-10)。

(5)检索历史

检索历史系统对用户检索历史做自动保存,在"期刊文献检索"模块页面点击"检索历史"进入检索页面(图 3-11),点击保存的检索式进行该检索式的重新检索或者"与、或、非"逻辑组配。

27

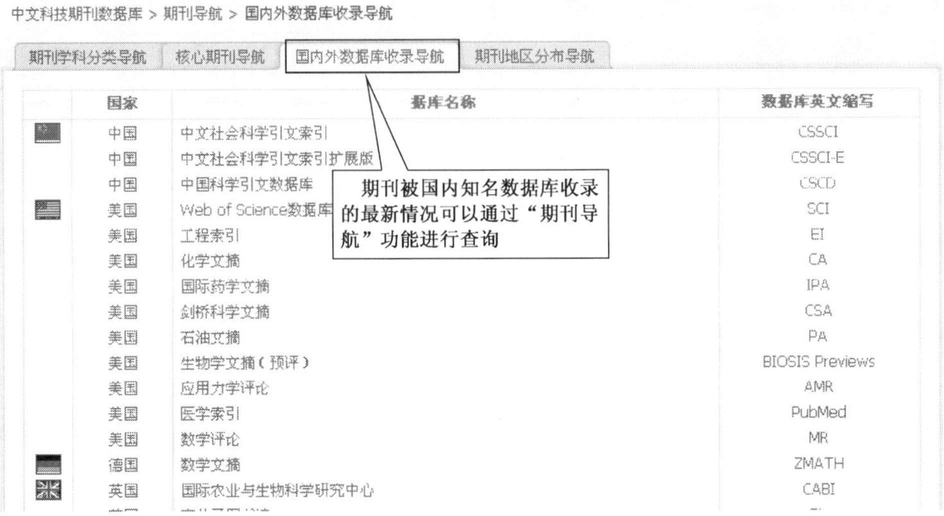

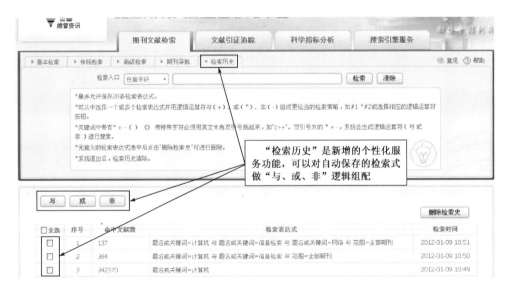

图 3-10　期刊导航浏览页面

图 3-11　检索历史页面

3. 检索结果及处理

（1）检索结果显示

在检索结果页面（图 3-12）系统提供的是文献题录列表，题录信息包括：题名、作者、出处（期刊名、出版年、期）、摘要。可通过"按时间筛选"下拉框选择进一步对题录列表进行显示范围选择（全部、一个月内、三个月内、半年内、一年内、当年内），用户根据题录信息判断文献的相关性，可导出选择的文献题录、获取全文，也可点击题名进入文献细览页（图 3-13）查看详细信息和知识节点链接。

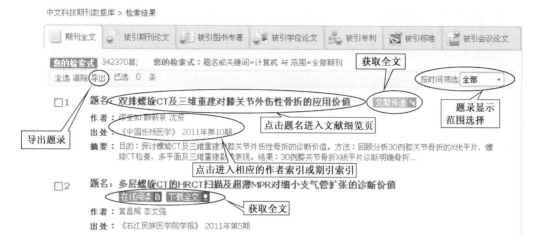

图 3-12　检索结果页面

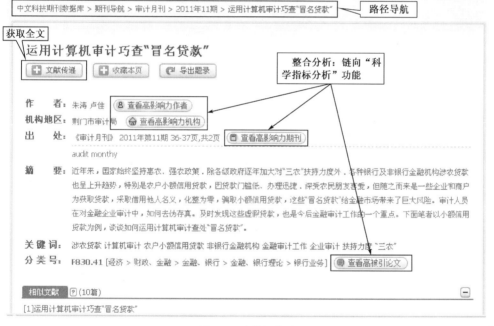

图 3-13　文献细览页

（2）题录保存

用户点击所选题录序号前的方框，点击"导出"按钮导出选择的文献题录。系统提供了包括文本在内的 7 种导出格式（图 3-14），选择题录导出格式，例如自定义导出的页面（图 3-15），在该页面上选择所需项，点击"确定"导出，在弹出的"文件下载"页面（图 3-16）选择"打开"或"保存"题录。

（3）获取全文

检索平台提供了多种获取全文的途径，在检索结果页或文献细览页都可以通过点击"下载全文"、"文献传递"、"在线阅读"三种按钮获取全文（图 3-12、图 3-13）。

图 3-14　题录导出页面

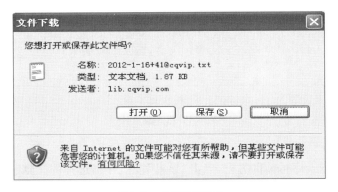

图 3-15　题录自定义导出页面

图 3-16　文件下载页面

三、"文献引证追踪"模块

登录期刊资源整合服务系统后，选择"文献引证追踪"功能模块进入检索主页面，"文献引证追踪"模块提供的检索方式有：基本检索、作者索引、机构索引、期刊索引。

1. 基本检索

基本检索是"文献引证追踪"功能模块默认的检索方式,针对所有文献按被引情况进行检索,快速定位相关信息。

在基本检索首页(图 3-17)使用下拉菜单选择时间范围、期刊范围、学科范围等检索限定条件;选择检索途径,输入题名、关键词、作者、刊名等检索内容条件,检索对象不区分源文献或参考文献。

图 3-17　基本检索页面

点击"检索"进入检索结果页面,查看检索结果题录列表,反复修正检索策略得到最终检索结果;检索结果按文献被引量排序析出有价值文献,勾选多篇文献同时查看"参考文献"、"引证文献"等引用追踪功能。从一篇高质量的文献出发,通过"参考文献"或者"引证文献"或是"耦合文献"的查询来获取科学研究的发展脉络。

2. 作者索引

提供关于作者的科研产出与引用分析统计,检索并查看作者的学术研究情况。登录"文献引证追踪"功能模块,选择"作者索引"进入检索页面(图 3-18)。输入作者姓名进行检索或按拼音浏览、按学科浏览作者索引结果,检索结果列表按被引量倒序排列。

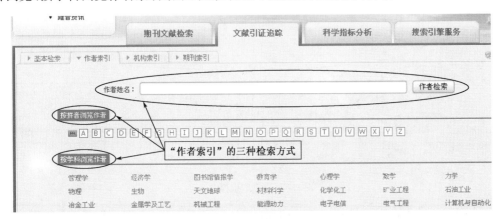

图 3-18　作者索引检索页面

在作者索引结果页中选择感兴趣的作者,点击"详细信息"进入作者细览页,查看发文量、被引次数及引用追踪,查看 H 指数可以进行基于作者的引文分析。

3. 机构索引

提供关于机构的科研产出与引用分析统计，全面了解机构的科研实力。登录"文献引证追踪"功能模块，选择"机构索引"进入检索页面（图 3-19）。输入机构名称进行检索或按拼音浏览、按学科浏览机构索引结果，检索结果列表按被引量倒序排列。

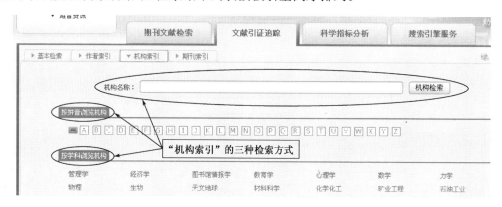

图 3-19　机构索引检索页面

在机构索引结果页中选择感兴趣的机构，点击"详细信息"进入机构细览页，查看发文量、作者数统计及对发表论文做细分导读、发文学科分布等。

4. 期刊索引

提供关于期刊的科研产出与引用分析统计，全面展示期刊的学术贡献与影响力。登录"文献引证追踪"功能模块，选择"期刊索引"进入检索页面（图 3-20）。输入期刊名称进行检索或按拼音浏览、按学科浏览期刊索引结果，检索结果列表按被引量倒序排列。

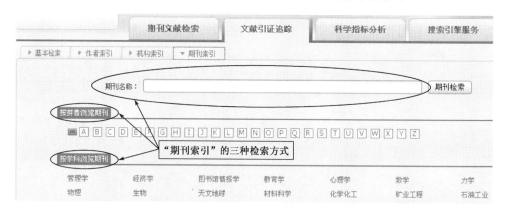

图 3-20　期刊索引检索页面

在期刊索引结果页中选择感兴趣的期刊，点击"详细信息"进入期刊细览页，查看期刊每一年的发文量和被引量，按期刊出版年对文章做引用追踪。

四、"科学指标分析"功能模块

"科学指标分析"功能模块揭示近 200 个细分学科的研究发展趋势和有关研究绩效的分析

数据。该模块包含三个方面:中国国内论文科学指标分析、中国海外论文科学指标分析、中国地区科技指标综合分析,主要提供学者、机构、地区、期刊、学科排名、学科基线、研究前沿、高引论文、热点论文等多个指标项的查询与浏览。

登录期刊资源整合服务系统后,选择"科学指标分析"功能模块进入检索主页面(图3-21),点击各分析指标项即可进入相应指标项的指标分析页面。

图 3-21 科学指标分析检索页面

五、"搜索引擎服务"功能模块

"搜索引擎服务"功能模块采用一键式的检索方式(图 3-22),用户只需输入检索词,即可获得基于谷歌或百度搜索引擎的维普期刊资源,从而为机构服务的拓展提供有效支持工具,它既是灵活的资源使用模式,也是图书馆服务的拓展。

图 3-22 搜索引擎服务检索页面

第二节 CNKI 知识网络服务平台(KNS)

一、KNS 平台简介

中国知识基础设施工程(China National Knowledge Infrastructure)简称 CNKI 工程,于 1995 年正式立项,是以实现全社会知识信息资源共享为目标的国家信息化重点工程。KNS(目前为 5.0 版)是 CNKI 知识网络服务平台的简称,又称知识网络服务系统(Knowledge Network Service Platform)，是由清华同方知网(北京)技术有限公司设计并研制，是 CNKI 站点发布、检索、更新、管理各类数据库的统一平台，包括检索服务系统、数据库管理系统、网站管理系统三大部分，提供具有跨库检索、知识链接、智能阅读及电子商务功能的开放式共享接入与管理应用软件。

登录 CNKI 知识网络服务平台(KNS)有两种方式：一是通过超链接的方式，由各图书馆主页上的链接进入平台主页面(图 3-23)；二是直接在地址栏中输入网址 http://www.cnki.net 进入平台主页面。

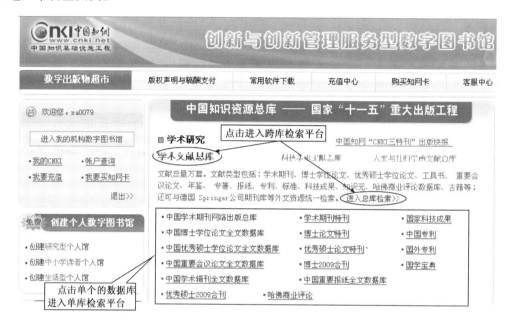

图 3-23　KNS5.0 检索服务系统主页面

二、检索方法

KNS5.0 检索服务系统提供单库检索和跨库统一检索两种检索方式。KNS5.0 检索服务系统最大的特点是为 CNKI 系列数据库的检索提供了跨库统一检索平台，有效地减少了用户的工作量、提高了检索效率，在数据整合深度方面也有了质的突破(增加并统一了各种文献链接功能、文献导航等)；同时 CNKI 系列数据库在 KNS5.0 平台上检索更加的方便、灵活，无论是单库检索还是跨库检索，系列数据库的检索方法基本相同，下面以跨库检索平台为例介绍 CNKI5.0 版系列数据库的检索方法。

1. 标准检索

标准检索是登录跨库检索平台后系统默认的检索方式(图 3-24)，在页面右上侧的检索区进行检索。

(1)检索范围选择

用户可根据具体的信息需求来进行检索范围限定(图 3-25)，如没有特殊的要求，此项可以忽略。

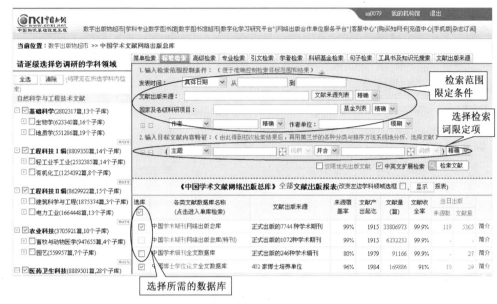

图 3-24　标准检索页面

图 3-25　检索范围控制页面

①发表时间：点击下拉框，有具体日期、最近一周、最近一月、最近半年、最近一年 5 个选项。如选择具体日期，则起始时间最早从 1915 年开始供用户选择，其他 4 个选项的起始时间则从此用户实施检索的日期往前顺延相应的时间段。

②文献出版来源：可输入具体的刊物名称，也可以点击"文献来源列表"进入学术期刊导航页（图 3-26）进行期刊选择或查找。

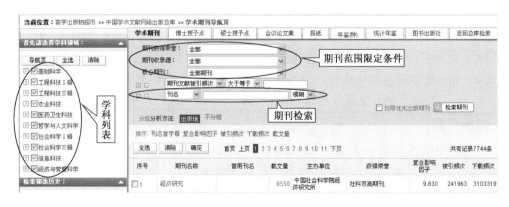

图 3-26　学术期刊导航页面

③国家及各级科研项目:可输入具体的基金名称,也可以通过点击"基金列表"进入基金导航(图 3-27)进行基金选择或查找。

图 3-27　基金导航页面

④作者限定:有作者和第一作者两个检索途径选项,还可进一步通过作者单位对作者选项限定进行精确查找(图 3-28)。通过图标 ⊞ 或 ⊟ 可增加或减少一检索行。

图 3-28　作者限定页面

(2)选择信息检索途径

系统提供了全文、题名、主题、关键词、中国分类号 5 个检索途径选项,确定检索途径,输入相应的检索词(图 3-29)。通过图标 ⊞ 或 ⊟ 可增加或减少一检索行,对同一检索途径的多个检索词或不同检索途径的检索词通过逻辑组配进行检索。CNKI 的逻辑检索优先顺序依次为:not＞and＞or(非＞与＞或)。

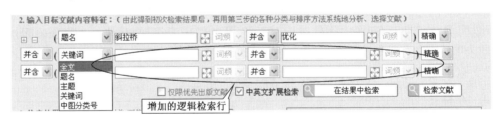

图 3-29　检索文献内容特征页面

图标 表示扩展功能,点击该图标将弹出一个窗口,显示以输入词为中心的相关词。

"词频"表示检索词在相应检索入口选项中出现的频次。词频为空,表示至少出现 1 次,如果为数字,如 5,则表示至少出现 5 次,以此类推。

2. 简单检索

点击跨库检索平台主页上方转换工具条中的"简单检索"按钮,切换到简单检索页面(图 3-30)。在简单检索页面上,没有检索条件限定项和选择项,用户选择学科分类和所要检索的数据库后输入检索词,多个检索词之间用空格隔开,点击"简单检索"按钮即可进行信息检索。

图 3-30 简单检索页面

3. 高级检索

点击跨库检索平台主页上方转换工具条中的"高级检索"按钮,切换到高级检索页面(图 3-31)。高级检索与基本检索页面在增加了逻辑检索行后基本相同,检索方法也相同。不同之处在于:

①高级检索页面检索范围限定条件只有"发表时间"一项,且时间选项与基本检索相同;

②高级检索的检索途径与基本检索略有不同,有全文、题名、主题、关键词、作者、第一作者、作者单位、文献来源 8 个选项;

③高级检索页面没有检索词的"词频"限定。

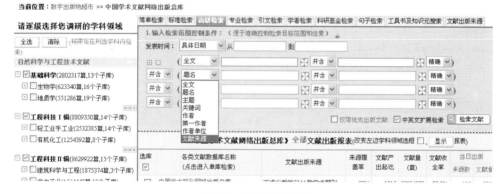

图 3-31 高级检索页面

4. 专业检索

点击跨库检索平台主页上方转换工具条中的"专业检索"按钮,切换到专业检索页面(图 3-32)。在专业检索页面检索框中直接输入由逻辑运算符、字段标识等组配的检索表达式,专业检索可以将所需信息通过一个检索表达式一次性检索出来,但需要检索者熟练掌握检索平台系统的检索语法编制以及检索技巧。检索项的检索表达式使用"and"、"or"、"not"进行组合,三种逻辑运算符的优先级相同。例如,检索表达式"TI=箱梁 and AU=蔺鹏臻 and AF=兰州交通大学土木工程学院"表示查找题名中含有"箱梁"、作者是"蔺鹏臻"、作者机构是"兰州交通大学"的文献。

5. 引文检索

点击跨库检索平台主页上方页面转换工具条中的"引文检索"按钮,切换到引文检索界面

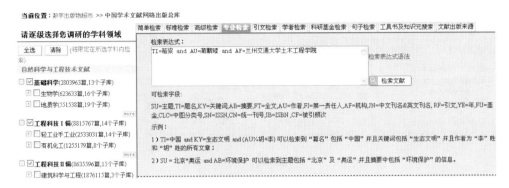

图 3-32　专业检索页面

（图 3-33）。CNKI5.0 跨库引文检索提供从数百万条引文中查询到某篇科技文献被引用的详细情况，还可以从一篇早期的重要文献或著者姓名入手，检索到一批近期发表的相关文献，这些检索结果对交叉学科和新学科的发展研究具有十分重要的参考价值。

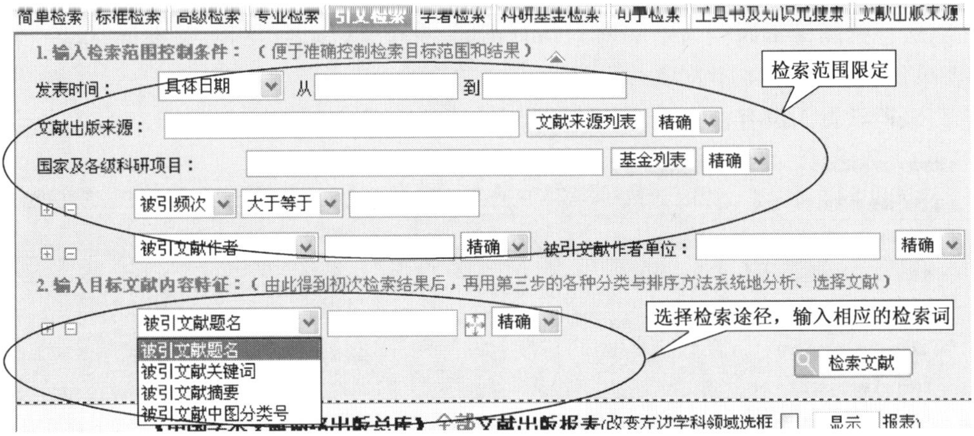

图 3-33　引文检索页面

发表时间、文献出版来源、国家及各级科研项目这 3 项检索范围限定条件同标准检索页面。引文检索页面对检索文献多了被引频次、下载频次、被引年份、被引作者、被引作者单位等条件的限定，可根据实际信息查找需求进行选择。

KNS5.0 检索服务系统跨库统一检索平台除了上面常用的 5 个检索方式之外还提供了学者检索、科研基金检索、句子检索、工具书及知识元搜索、文献出版来源 5 个检索途径，这 10 个检索方式可以互相转换，也可以通过相应的知识节点进行检索页面的链接。

三、检索结果及处理

1. 检索结果显示

图 3-34 是系统默认的检索结果页面，用户可根据系统提供的多个页面显示选择项重新选择检索结果显示方式。

（1）显示方式

检索结果有列表和摘要两种显示方式，系统默认的是题录列表显示方式，可点击"摘要"选择以摘要方式显示检索结果。

（2）排序方式

检索结果有相关度、发表时间、被引频次和下载频次4种排序方式，排序方式之间可以自由转换，系统默认为相关度方式。

（3）显示记录条数

显示记录条数是指检索结果每页显示的条数，有10条、20条和50条3种选择，系统默认每页的显示条数为20条。

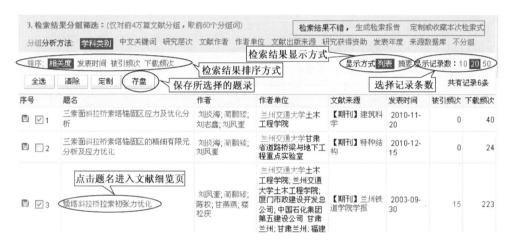

图3-34　检索结果页面

2. 题录保存

在检索结果的页面上选择所需要保存的题录条目，可以点击"全选"按钮将当前页面上显示的文献记录全部选中，也可以点击单个条目前的方框进行单选。点击"存盘"按钮保存已选择的题录信息，系统提供了9种保存格式供用户选择（图3-35），点击"输出到本地文件"保存题录信息。

3. 获取全文

系统提供两种途径下载或浏览全文：一是从检索结果题录页面点击题名前的 📄 下载浏览CAJ格式全文；二是从文献细览页面（图3-36）点击 CAJ下载 和 📄 PDF下载 可分别下载CAJ格式和PDF格式全文。

在点击下载按钮后，系统将出现一个提供"打开"或"保存"按钮的窗口（图3-37），点击"保存"则系统会引导用户在特定的路径下保存文献全文；点击"打开"，当系统安装有CAJ或PDF浏览器时，系统先打开浏览器再打开文献，可在此页面浏览文献，如认为需要保存可点击页面上方的"文件"下的"另存为"保存文件。

在文献细览页面有各种知识链接点，点击进入到相应的检索界面。通过知识点的相互链接，读者可快速掌握与该文献相关的信息资源，提高检索效率。

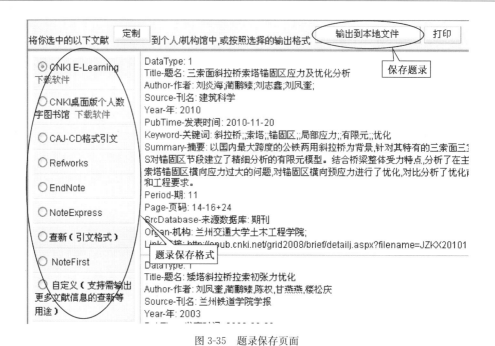

图 3-35 题录保存页面

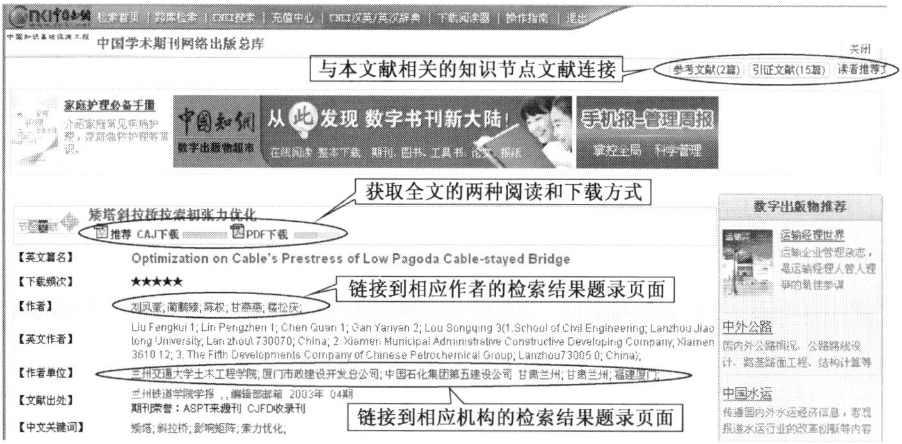

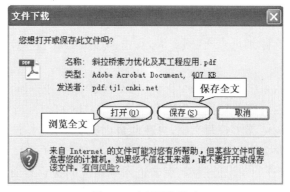

图 3-36 文献细览页面

图 3-37 文件下载页面

第三节　万方数据知识服务平台

一、平台简介

万方数据知识服务平台包含中外期刊论文、学位论文、学术会议论文、标准、专利、科技成果、新方志等各类信息资源,具有广泛的应用价值;平台提供检索、多维浏览等多种人性化信息揭示方式,同时,还提供了知识脉络、查新咨询、论文相似性检测、引用通知等特色增值服务。

登录《万方数据知识服务平台》有两种方式:一是通过超链接的方式,由各图书馆主页上的链接进入平台主页面;二是在地址栏中输入网址 http://www.wanfangdata.com.cn,进入平台主页面。

二、检索方法

万方数据知识服务平台的检索方法有快速检索、高级检索、跨库检索 3 种检索方法。

1. 快速检索

登录万方数据知识服务平台,系统默认为以"学术论文"为统一检索途径的快速检索方式(图 3-38)。"学术论文"包含了平台所涉及各个学科的期刊、学位、会议、外文文献、专利、标准、成果、图书、法规、机构和专家等 11 个类型的所有学术论文。

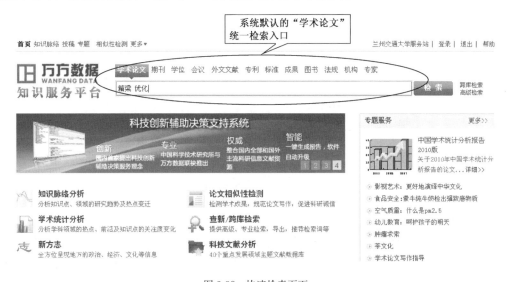

图 3-38　快速检索页面

用户可以在检索框中直接输入单个的检索词,点击"检索"按钮即可进行文献信息检索。如果是同一检索途径的多个检索词,则检索词之间用空格隔开;如果是不同检索途径的多个检索词,则要在每个检索词前面进行字段说明,如:"标题:箱梁 作者:蔺鹏臻 单位:兰州交通大学土木工程学院"(图 3-39)。

图 3-39　检索途径页面

2. 高级检索

登录万方数据知识服务平台,点击右上角的"高级检索"按钮,进入高级检索页面,高级检索页面提供了高级检索、经典检索、专业检索 3 种检索方式。

(1)高级检索

在高级检索页面(图 3-40),系统提供了可选择的检索途径、检索范围限定条件和检索结果的显示方式等。

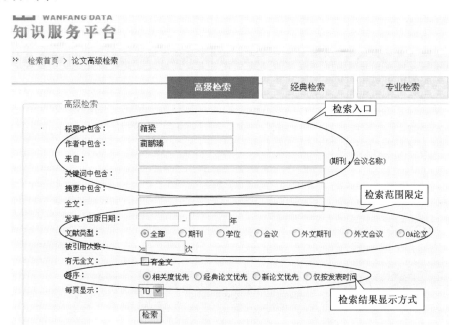

图 3-40　高级检索页面

(2)经典检索

在高级检索页面点击"经典检索"切换按钮进入经典检索页面(图 3-41),系统提供了标题、作者、作者单位、中图分类、关键词、摘要、全文等 7 个检索途径,在检索词框输入相应的检索词点击"检索"按钮进行检索。

(3)专业检索

在高级检索页面点击"专业检索"切换按钮进入专业检索页面(图 3-42),系统提供了题名、作者、刊名、关键词、摘要等 5 个检索途径和日期、相关度等 4 种结果排序方式,用户根据信息需求利用逻辑组配符号编写检索表达式进行检索。

>> 检索首页 > 论文高级检索

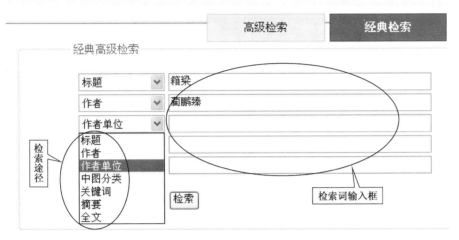

图 3-41　经典检索页面

>> 检索首页 > 论文高级检索

图 3-42　专业检索页面

3. 跨库检索

登录万方数据知识服务平台,点击右上角的"跨库检索"按钮,进入跨库检索页面,跨库检索是对包括期刊论文、学位论文、会议论文等 7 种文献类型的数据库同时进行检索,用户可根据实际需要选择文献类型。跨库检索页面提供了高级检索和专业检索 2 种检索方式。

(1)跨库高级检索

跨库高级检索是登录万方数据知识服务平台跨库检索后的默认检索界面(图 3-43)。

根据信息需求选择文献类型,系统根据用户所选择的文献类型提供了不同的检索途径,如选择"期刊论文",则有题名、创作者等 11 个检索途径,选择检索时间范围,点击"检索"进行文献检索。

图 3-43　跨库高级检索页面

（2）跨库专业检索

与高级专业检索页面相比，跨库专业检索页面（图 3-44）增加了左侧的文献类型选择、时间限定功能，但二者的检索方法相同，根据信息需求编写检索表达式进行检索。

图 3-44　跨库专业检索页面

三、检索结果及处理

1. 检索结果显示

图 3-45 是系统默认的检索结果页面，页面左侧栏显示了系统对检索结果的各种分析；用户可根据页面右侧系统提供的多个页面显示选择项重新选择检索结果显示。

（1）显示范围

检索结果题录显示范围有全部、全文和仅用户机构购买的全文 3 种方式，显示范围之间可以转换，系统默认显示全部的检索结果题录。

（2）排序方式

检索结果有相关度优先、新论文优先和经典论文优先 3 种排序方式，排序方式之间可以转换，系统默认方式为相关度优先。

（3）二次检索

如果对检索结果不满意，可通过检索结果页面的二次检索功能区重新检索或在检索结果中检索。

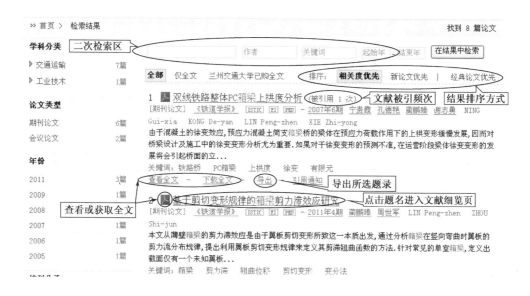

图 3-45　检索结果页面

2. 题录保存

在检索结果的页面点击某一文献题录下方的"导出"按钮导出该文献的题录信息,系统提供了 7 种保存格式供用户选择(图 3-46),如选择了"参考文献格式",点击"导出"在弹出的文件下载页面选择"打开"或"保存"题录信息。

图 3-46　题录导出页面

3. 获取全文

在检索结果页面点击某一文献的题名进入文献细览页面(图 3-47),可以查看该文献的详细信息、导出文献的题录、阅读或下载全文。系统提供两种途径下载浏览全文:一是从检索结果题录页面点击题名前的 或题录下方的 查看全文 和 下载全文 浏览和下载 PDF 格式全文;二是从文献细览页面点击 查看全文 和 下载全文 浏览和下载 PDF 格式全文。

在文献细览页面可以进行知识节点的链接,查看参考文献、相似文献、相关博文等。

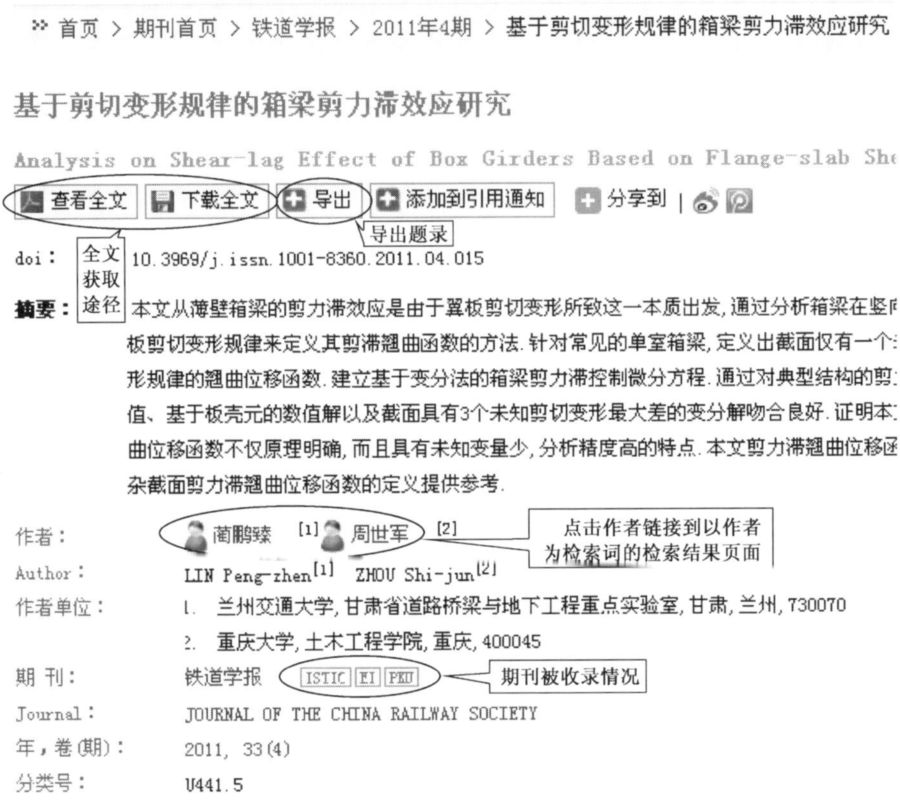

图 3-47　文献细览页面

第四节　独秀学术搜索

一、简介

独秀学术搜索是以 330 万种中文图书、10 亿页全文资料为基础的超大型数据库,并且它将每个图书馆纸质图书、电子图书、期刊、报纸、学位论文、会议论文等各种学术资源与独秀知识库数据进行对接,整合于同一数据库中,统一检索,使用户在独秀平台上获取所有学术信息。独秀学术搜索不仅方便用户的使用,同时也提高各种数据库的使用效率。

二、检索方法

读者可通过本单位图书馆的独秀学术搜索链接或直接输入网址 http://www.duxiu.com 登录到独秀学术搜索页面(图 3-48)。

选择需要查找的信息资料类型,如图书、期刊、学位论文等,在检索框中输入关键词进行检索(为命中准确而有效,推荐多个关键词同时使用)。用户选择不同的资料类型,系统则提供不同的检索方式,下面以查找期刊论文信息为例介绍独秀学术搜索的使用方法。

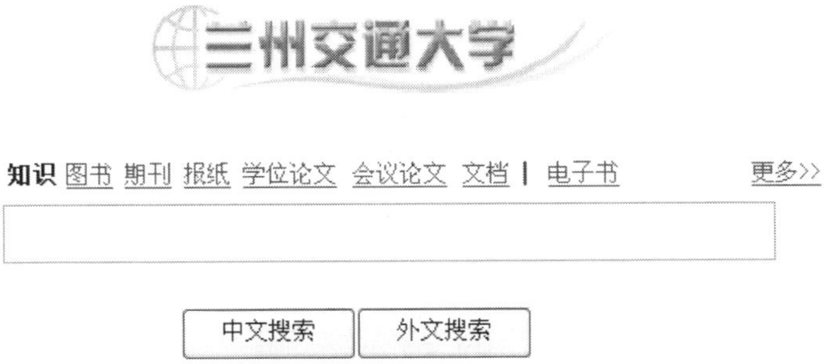

兰州交通大学
知识 图书 期刊 报纸 学位论文 会议论文 文档 | 电子书
更多>>
中文搜索
外文搜索

图 3-48　独秀搜索页面

期刊检索有快速检索、高级检索和专业检索 3 种检索方式。

1. 快速检索

快速检索是登录期刊类型检索页面后系统默认的检索方式(图 3-49)。用户可直接在搜索框中输入检索词,不同检索途径的检索词可同时输入,多个检索词之间用空格隔开,然后点击"中文搜索",系统将会在期刊数据资源中进行查找。如果希望获得外文资源,可点击"外文搜索"。

用户可通过搜索框下方的选择项(全部字段、标题、作者、刊名、关键词和作者单位)选择检索途径,然后选择精确或者模糊的匹配方式(默认精确)进行准确查找或模糊查找。

知识 图书 期刊 报纸 学位论文 会议论文 文档 | 电子书
更多>>
计算机 信息检索
高级检索
专业检索
全部字段 标题 作者 刊名 关键词 作者单位 匹配: 精确 模糊
检索途径选择
中文搜索
外文搜索

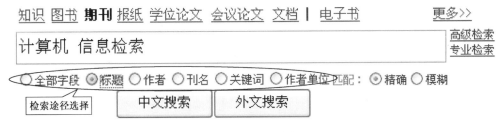

图 3-49　期刊快速检索页面

2. 高级检索

登录期刊检索界面,点击"高级检索"进入期刊高级检索页面(图 3-50)。系统提供了全部字段、标题、作者、刊名、关键词 5 种检索途径,选择合适的检索途径,在检索框中输入相应的检索词;点击 ⊞ 或 ⊟ 增加或减少检索行,检索行之间采用逻辑"与"、"或"和"非"进行组配;选择查找信息的时间段(小于 1820 年或 1820～2012 年)、期刊号段或检索结果每页显示的条数等,点击"高级搜索"按钮进行检索。

3. 专业检索

登录期刊检索页面,点击"专业检索"进入专业检索页面(图 3-51)。根据专业检索页面的规则说明,编写信息检索表达式进行信息检索。如检索式"((T＝箱梁| K＝箱梁|R＝箱梁) ＊A＝蔺鹏臻＊S＝兰州交通大学)＊(2000＜Y＜2010)"表示查找兰州交通大学蔺鹏臻老师在 2000 年至 2012 年发表的有关箱梁的文献。

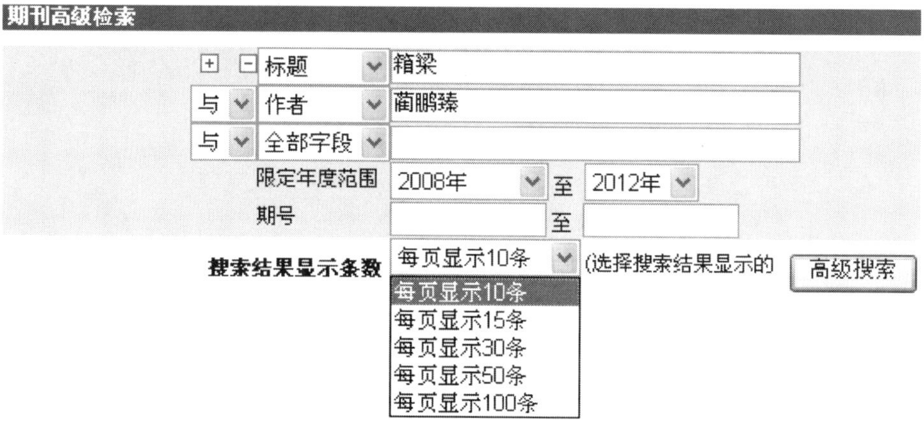

图 3-50　期刊高级检索页面

图 3-51　期刊专业检索页面

三、检索结果及处理

1. 检索结果显示

检索结果页面(图 3-52)左侧为资源分类栏(年代、学科、重要期刊、期刊刊种)、中间为检索结果题录列表栏、右侧为与检索结果相关的其他类型信息列表栏。检索结果的题录排序方式有默认、时间降序、时间升序和本馆优先 4 种。如果对检索结果不满意,用户还可在二次检索区重新进行信息检索。

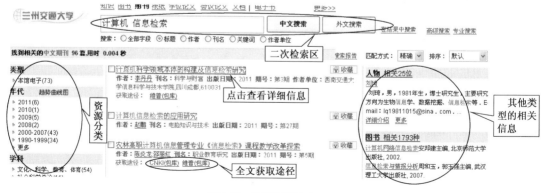

图 3-52　检索结果页面(1)

在中间栏的题录列表区,显示了文献的题名、作者、文献来源和作者单位等基本信息,点击文献的题名可进入该文献的细览页,题录下方显示了全文的获取途径。

2. 题录保存

在检索结果页面,选择文献题名前的方框进行题录单个选择,或点击页面最下方的"全选"按钮选择页面所有题录(图 3-53),点击 □ 导出所选记录 将所选题录导出。在弹出的文件下载页面(图 3-54)选择"打开"或"保存"所导出的题录。

图 3-53 检索结果页面(2)

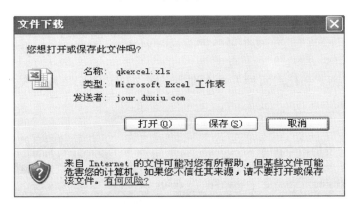

图 3-54 文件下载页面

3. 获取全文

独秀学术搜索提供两种全文获取途径:一是通过检索结果页面题录下方的"获取途径";二是通过文献细览页面(图 3-55)右侧的维普包库和图书馆文献传递两种途径,用户根据实际情况选择获取途径。

图 3-55 文献细览页面

维普包库:是指用户所在的机构购买的该文献全文,可点该链接直接在线阅读或下载全文。图书馆文献传递:就是图书馆参考咨询中心通过 E-mail 快速准确地将用户需要的资料发送到用户指定的邮箱,供用户全文阅读(此服务免费)。

第五节　超星汇雅电子图书

一、简介

超星汇雅电子图书是目前全球最大的中文电子图书资源库,其中包含中图法 22 大类 13C 多万种数字图书,以工具类、文献类、资料类、学术类图书为主,涵盖各学科领域。

目前,超星汇雅电子图书有超星主站和镜像站点两种平台。主站提供两种阅读方式:IE 阅读(需要下载运行一个小插件)和超星阅览器(SSReader)阅读;镜像站必须先下载安装超星阅览器(最新为 SSReader 4.0 版)后才能阅读超星数字图书馆中的图书资料,或将馆内图书下载到用户本地计算机上进行离线阅读。超星图书阅览器可从超星汇雅电子图书网站和其镜像站点免费下载。

二、检索方法

系统提供分类浏览和检索两种方式查询所需图书(图 3-56)。检索又分为快速检索和高级检索。

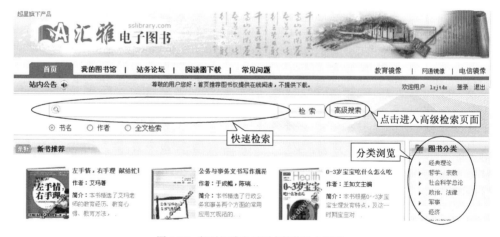

图 3-56　超星汇雅电子图书镜像站主页面

1. 分类浏览

汇雅电子图书是按《中国图书馆分类法》分类,点击镜像站页面右侧的"图书分类"中任意主题进入"分类浏览"主页面(图 3-57),在页面左侧显示"图书分类目录"栏,逐级点击分类进入下级子分类,选择图书分类后还可在该分类下进行图书的快速检索和高级检索;页面右侧显示该分类下的所有图书信息,用户可根据自己需要选择阅读方式或下载图书;系统提供了 4 种图书书目排序方式供用户选择。

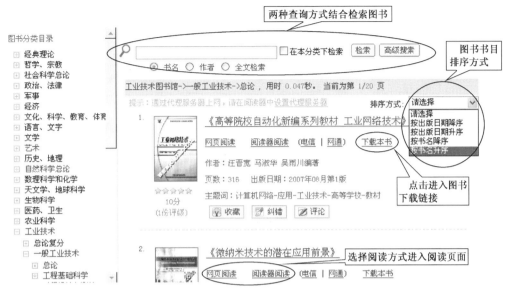

图 3-57　分类浏览页面

2. 快速检索

超星汇雅电子图书首页上方默认快速检索(图 3-56),通过在输入框中输入相应的检索词可实现图书的书名、作者、全文 3 种单项检索。还可在检索结果页面勾选"在结果中搜索"前面的方框可进行二次检索。

3. 高级检索

点击超星汇雅电子图书首页的"高级检索"按钮进入高级检索页面(图 3-58),可以输入多个检索词,系统提供了书名、作者和主题词 3 种检索途径,在检索词输入框输入相应的检索词,采用逻辑关系"并且"和"或者"对多个检索项进行逻辑组合,还可以图书出版年进行限定以缩小检索范围。

图 3-58　高级检索页面

超星数字图书馆检索系统使用的检索算符有:"＊"和空格:表示逻辑"与";"％":通配符,代表一个或多个字;"＋":表示逻辑"或"。

三、图书下载与阅读

超星汇雅电子图书检索结果页面(图 3-59)与分类浏览页面基本相同,在检索结果页面显示了图书的信息内容(书名、作者、页数、出版日期和主题词等)、检索结果排序方式(出版日期降序、出版日期升序、书名降序和书名升序),如果用户对检索结果不满意还可在页面上方的二次检索区重新进行检索。

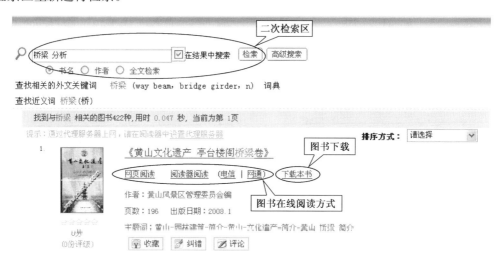

图 3-59 检索结果页面

系统提供了两种在线图书阅读方式:网页阅读和阅读器阅读。

点击"下载本书"进入图书下载页面(图 3-60),按系统提示图书存放路径,点击确定下载图书。

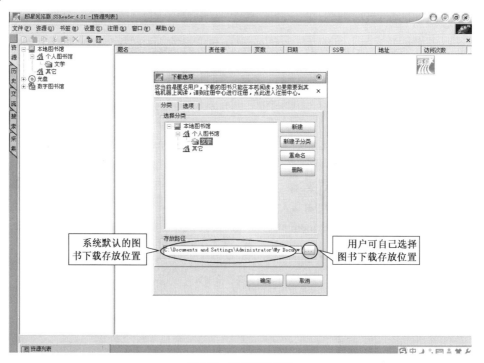

图 3-60 图书下载页面

四、超星阅览器及其使用技巧

1. 阅读器的下载和安装

首次阅读和下载镜像站点超星数字图书的全文,需先下载安装超星阅览器(最新版为4.0),图 3-61 为阅读器下载页面。数字图书直接在线阅读无需进行用户登录,但匿名用户状态下载的图书只能在本机上阅读,不能拷贝到其他机器上阅读,此时查看超星阅览器→"注册"菜单→"用户信息"中的用户名为"未注册用户";如果是在超星阅览器登录个人用户名后下载的图书支持拷贝到其他机器上阅读,登录个人用户名的方法为运行超星阅览器→"注册"菜单→"用户登录"进行个人用户登录(如果是首次须先进行新用户注册)。拷贝到其他机器阅读时,需要在阅读的机器上使用下载时的用户名进行登录。如果阅读机器能上网,可在线登录;如果不能上网,须离线登录。

图 3-61　阅读器下载页面

镜像站点提供电信镜像下载和教育镜像下载两个下载链接地址。点击"电信镜像下载"或"网通镜像下载"下载地址,在弹出的文件下载窗口中选择"将该程序保存到磁盘"然后点击确定阅读器安装路径的选择(注意:超星阅读器不能安装到中文路径下)。超星阅读器安装程序下载完毕后,双击安装程序将进入自动安装向导,向导会引导完成超星阅读器的安装。

2. 阅读器的使用技巧

进入图书阅读窗口(图 3-62),系统默认以静止方式显示一页内容,用户可以通过阅读器提供的多种功能进行阅读和页面操作。

(1)文字识别(OCR)

在图书阅读页面点击鼠标右键或点击工具栏中的图标 T ,在右键菜单中选择"文字识别",在所要识别的文字上画框,框中的文字即会被识别成文本显示在弹出的面板中,选择"导入编辑"可以在编辑中修改识别结果,选择"保存"即可将识别结果保存为 TXT 文本文件。

(2)剪切图像

在图书阅读页面点击鼠标右键,在右键菜单中选择"剪切图像",或点击工具栏中的图标在所要剪切的图像上画框,剪切结果会保存在剪切版中,通过"粘贴"功能即可粘贴到"画图"等工具中进行修改或保存。

(3)添加书签

在图书阅读页面点击鼠标右键,在右键菜单中选择"添加书签",或点击工具栏中的图标

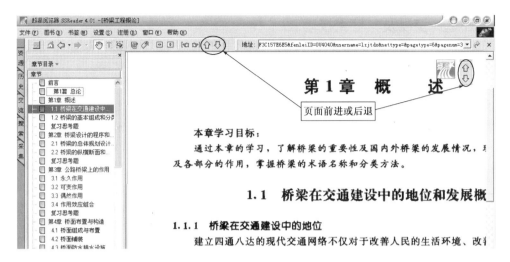

图 3-62　图书阅读页面

，将一些阅读频率较高的图书添加到超星数字图书镜像站点个人书签中，免去了每次检索的麻烦。

（4）自动滚屏

在图书阅读页面双击鼠标左键开始滚屏，单击鼠标右键停止滚屏。如果要调整滚屏的速度，可以在设置菜单中的"书籍阅读"选项中进行设置。

（5）更换阅读底色

使用"更换阅读底色"功能来改变图书阅读效果。在"设置"菜单中选择"页面显示"，在"背景"选项的"图片"中选择要更换的底色；或在图书阅读页面点击鼠标右键，在右键菜单中选择"背景设置"，在"图片"中选择要更换的底色。

（6）标注

在图书阅读页面点击鼠标右键，在右键菜单中选择"标注"，或点击工具栏中的，可以对书中的内容做标记。标注有批注、铅笔、直线、圈、高亮、链接 6 种工具。

（7）历史

记录用户通过超星阅览器访问过的所有资源。

第四章　外文常用综合数据库信息资源检索

第一节　美国《工程索引》(EI Compendex Web)检索平台

一、平台简介

美国《工程索引》(The Engineering Index,简称 EI),1884 年由美国工程信息公司(Engineering Information Inc.)创办,是世界工程技术领域中著名的具有权威性的大型文摘检索工具之一,也是我国工程技术人员经常使用的一种检索工具。

EI 收集的文献内容涉及应用科学与工程技术领域的各个学科,涵盖核技术、生物工程、交通运输、化学和工艺工程、照明和光学技术、计算机和数据处理、应用物理、电子和通信、控制工程、土木工程、农业工程和食品技术、机械工程、材料工程、石油、宇航、汽车工程以及这些领域的子科学与其他主要的工程领域。

为满足不同用户的检索需要,EI 有多种出版形式:印刷型、缩微型和机读型。其中机读型又有磁带、光盘版和网络版三种类型。EI 的网络版即 EI Compendex Web 数据库,文献收录范围包括了 EI 光盘版与 EI PageOne 两部分内容,收录自 1970 年以来的工程索引数据,每年新增 500 000 条工程类文献,数据每周更新。

目前国内常见的 EI Compendex Web 检索平台有两种,分别是 Dialog@Site 和 Engineering Village 检索系统。Dialog@Site 提供从 1995 年以来的美国工程索引数据库,与 Engineering Village 的检索方法基本相同。Engineering Village 是美国工程信息公司推出的大型网络服务平台,它将世界范围内的工程信息资源组织、筛选、集成在一起,所集成的信息资源包括 EI Compendex Web 和类似的其他 40 个数据库。EI Compendex Web 是 Engineering Village 检索系统的核心数据库,可以检索到 1970 年至今的文献,国内已有许多院校使用该系统。

二、检索方法

EI Compendex Web 检索平台提供了简单检索(Easy Search)、快速检索(Quick Search)和高级检索(Expert Search)3 种检索方式,点击 Compendex 数据库检索页面上的深蓝色提示条即可在 3 种检索方式之间进行切换。

1. 快速检索

登录 EI Compendex Web 检索平台,系统默认检索页面为快速检索页面(图 4-1),快速检索方式允许用户选择字段后输入检索词,然后选择逻辑组配符 AND、OR、NOT 连接检索页面上的 3 个检索窗口。

(1)检索规则

①输入规则:检索词书写大小写均可,输入框按顺序键入。

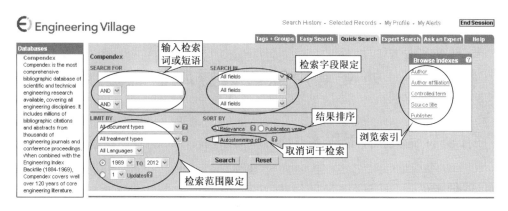

图 4-1 快速检索页面

②逻辑算符：逻辑算符用 AND、OR、NOT 表示，系统按从上到下的顺序进行逻辑运算。

③词干检索：在快速检索中，系统自动执行词干检索（除作者字段）。如：输入 management 后，系统会将 managing、manager、manage、managers 等检出。取消该功能，需点击"Autostemming off"前的白色方框。

④截词符：用星号（＊）表示，放置在词尾，如：comput＊可以将 computer、computerized、computation、computational、computability 等作为检索词。

⑤精确检索：做精确检索时，词组或短语需用引号或括号标引。

⑥特殊字符：除了 a～z，A～Z，0～9，?，＊，#，（）或{ }等符号外，其他符号均视为特殊符号，检索时将被忽略。除非用引号或括号将其括起，如：{n<7}。

⑦禁用词：如果用短语检索时，允许句中使用禁用词（and，or，not，near）。但该语句必须用引号或括号括起。如："bridge and analyse"或{bridge and analyse}。

（2）检索途径（SEARCH IN）（图 4-2）

①All fields：指 EI 数据库全部著录项目，该字段为系统默认字段。

②Subject/Title/Abstract：检索将在文摘、标题、标题译文、主题词表、标引词、关键词等字段进行。检索词可为词、词组或短语。

③Author：作者姓名输入时姓在前，接着是逗号，然后是名。作者名后可以使用截词符，如：Smith,A＊表示系统对"Smith,a."、"Smith, A. A."、"Smith, A. B"、"Smith, Aarom"等作者进行检索。用作者途径检索时可参考作者索引表。但是，在输入中国作者时，为了不造成漏检往往需要输入作者姓名所有可能的著录形式。如，作者"蔺鹏臻"可能的著录形式有："lin, pengzhen"、"lin, peng zhen"、"lin, peng-zhen"、"lin, pzh"、"lin, p"、"pengzhen lin"、"lin pengzhen"、"lin peng zhen"、"lin peng-zhen"等。

④Author affiliation：EI 数据库中，20 世纪 70 年代以前机构名称用全称表示，80 年代使用缩写加全称，90 年代用缩写。如果是中国作者，也可以输入所在单位的邮编来检索，如兰州交通大学可输入：730070。

⑤Publisher：确定出版商或搜索某一出版商出版的期刊，可以直接浏览出版者索引。

⑥Source title：包括期刊、专著、会议录、会议文集的名称，可以直接浏览刊名索引。

⑦Title：文章的标题。检索时可以输入词、词组或短语，如：bridge analyse；如果标题是其

他语种,则译成英文。

⑧Ei controlled term:受控词来自 EI 叙词表,它从专业的角度将同一概念的主题进行归类,因此使用受控词检索比较准确。

(3)浏览索引(Browse Indexes)

浏览索引提供"作者(Author)"、"第一作者单位(Author affiliation)"、"受控词(Controlled term)"、"来源书刊名(Source title)"和"出版者(Publisher)"5 个字段的索引词表,点击某一个字段可以到相应的索引词表中查看,然后将选定的索引词粘贴到检索窗口进行检索。粘贴到检索窗口内的检索词默认用 OR 连接,也可人工把 OR 编辑成 AND 或 NOT。

(4)检索范围限定(LIMIT BY)

通过检索限定区的下拉列表可以对文献的出版年代、文献类型、处理类型及文献原文的语种等进行限制,用户可以得到更为精确的检索结果。系统默认状态为检索所有年代、所有类型及所有语种的文献。

①文献类型(Document Type)(图 4-3):是指所检索的文献原文出版物的类型。EI 数据库中的文献类型包括 Journal article(期刊论文)、Conference article(会议论文)、Conference proceeding(会议论文集)、Monograph chapter(专题论文)、Monograph review(主题综述)、Report chapter(专题报告)、Report review(综述报告)、Dissertation(学位论文)。

②文献的处理类型(Treatment Type)(图 4-4):用于说明文献的研究方法及所探讨主题的类型。EI 数据库中文献的处理类型有 Applications(应用)、Biographical(传记)、Economic(经济)、Experimental(实验)、General review(一般性综述)、Historical(历史)、Literature review(文献综述)、Management aspects(管理)、Numerical(数值)与 Theoretical(理论)。由于一篇文献可能有多个处理类型,而有些文献没有赋予处理类型,因此在限定文献的处理类型后有可能会造成文献的漏检。

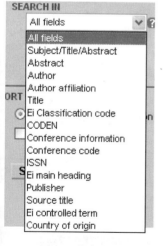

图 4-2　检索途径

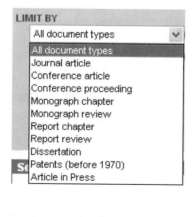

图 4-3　文献类型

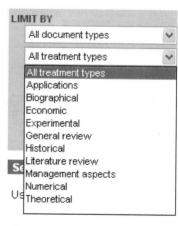

图 4-4　文献的处理类型

③检索日期:用户可以在下拉列表中选择检索文献的时间段,如果只检索某一年的文献,可在两个时间选择下拉列表中选择相同的年份。

④检索结果排序(SORT BY):检索结果排序方式有按相关性排序(Relevance)和按出版

年排序(Publication year)两种。系统默认为"Relevance"排序方式,作为相关性排序的词,要么是一个精确的短语,要么在同一条记录中被分别检索到。如果这些词是分别检索到的,被检到的词越接近,记录排列就越靠前;检索词在记录中出现的次数越多则记录的排列就越靠前;检索词在记录开始字段中发现的排在前,靠近末尾的则排在后。按出版年排序时检索结果按出版时间倒序排列,即最新出版的文献排在最前面。

用户根据需要检索的信息在输入检索词和选择好各种限定条件后,即可点击"Search"按钮开始检索。

2. 简单检索

登录 EI Compendex Web 检索平台,点击快速检索页面上方深蓝色提示条中的"Easy Search"即可进入简单检索页面(图 4-5),简单检索可在单个检索框中输入检索表达式(包含检索词及AND、OR、NOT 等逻辑算符),点击"Search"按钮开始检索,检索范围为数据库中所有内容。

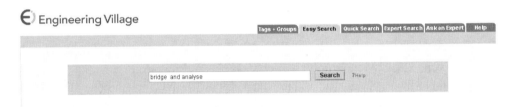

图 4-5　简单检索页面

3. 高级检索

登录 EI Compendex Web 检索平台,点击快速检索页面上方深蓝色提示条中的"Expert Search"进入高级检索页面(图 4-6)。

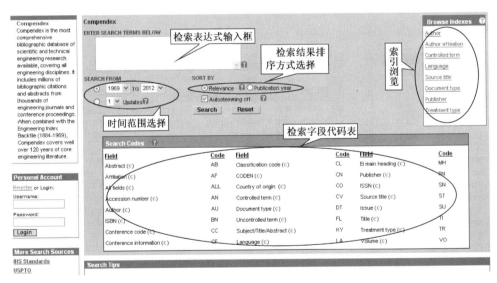

图 4-6　高级检索页面

高级检索页面允许用户将检索词限定在某一特定字段进行,同时可以使用逻辑算符、括号、位置算符和截词符等;也允许用户使用逻辑算符同时在多个字段中进行检索。系统将严格也按输入的检索式进行检索,不自动进行词根运算。

在使用高级检索时,应在检索词后加以字段说明,否则系统默认在全字段中检索。高级检索中字段的限定格式为"检索词 wn 字段代码",例如"bridge analyse wn TI"表示在题名字段中检索含有 bridge 和 analyse 这两个词的文献。所有字段的代码在检索框下的字段代码表中可以查找。

输入检索表达式后,根据需要选择检索时间以及检索结果的排序方式,然后点击"Search"按钮开始检索。

三、检索结果及处理

1. 检索结果显示

EI Compendex Web 检索系统的简单检索、快速检索和高级检索 3 种检索方式的检索结果题录显示页面是相同的(图 4-7)。用户在点击了"Search"按钮后出现系统默认的题录(Citation)检索结果浏览页面,也可以在题录页面选择"文摘(Abstract)"或"详细资料(Detailed record)"改变检索结果显示方式。

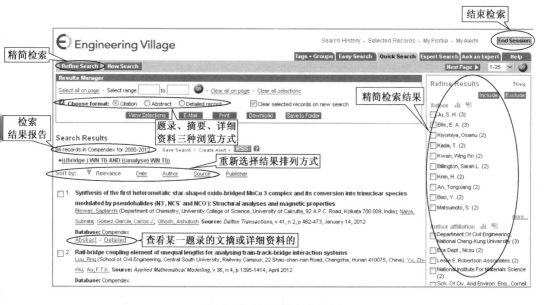

图 4-7　检索结果题录显示页面

在检索结果页面有多项链接(蓝色有下划线的部分),可以通过这些链接查找相关文献。如点击作者名,可以链接到数据库中该作者发表的所有文献。

在检索结果页面的左上角有一个"精简检索(Refine Search)"按钮,点击此按钮可回到检索界面,用户当前的检索式将出现在检索框中,根据检索的需要对其做进一步的改动,再点击"Search"按钮即可。检索结果页面右边的"精简检索结果(Refine Results)"栏,可提供二次检索的功能。系统将检索结果依照数据库、作者、作者单位、受控词、分类码等进行分析,用户可通过勾选分析项目或自行输入检索词进行二次检索。若要结束检索,点击位于屏幕右上角的"End Session"按钮。

如果要查看某一题录的文摘记录,可点击"Abstract"按钮进入文摘记录显示页面(图 4-8);

如果要查看详细资料则点击"Detailed"按钮进入详细资料记录显示页面(图 4-9)。

Abstract - Detailed

Blog This   E-Mail

Record 1 from Compendex for: (((bridge) WN TI) AND ((analyse) WN TI)), 2000-2012   当前检索策略

Check record to add to Selected Records

☐ 1. **Synthesis of the first heterometalic star-shaped oxido-bridged MnCu 3 complex and its conversion into trinuclear species modulated by pseudohalides (N3⁻, NCS⁻ and NCO⁻): Structural** analyses **and magnetic properties**

Biswas, Saptarshi[1]; Naiya, Subrata[1, 2]; Gómez-García, Carlos J.[3]; Ghosh, Ashutosh[1] **Source:** *Dalton Transactions*, v 41, n 2, p 462-473, January 14, 2012; **ISSN:** 14779226, **E-ISSN:** 14779234; **DOI:** 10.1039/c1dt11333j; **Publisher:** Royal Society of Chemistry

Author affiliation:

[1] Department of Chemistry, University College of Science, University of Calcutta, 92 A.P.C. Road, Kolkata 700 009, India

[2] Susil Kar College, Ghoshpur, Champahati, West Bengal 743330, India

[3] Instituto de Ciencia Molecular (ICMol), Parque Científico, Universidad de Valencia, 46980, Paterna Valencia, Spain

Abstract: A tetra-nuclear, star-shaped hetero-metallic copper(ii)-manganese(ii) complex, $[(CuL(H2O))2(CuL)Mn](ClO4)2$ (1) has been synthesized by reacting the "complex as ligand" [CuL] with $Mn(ClO4)2$ where H2L is the tetradentate di-Schiff base derived from 1,3-propanediamine and 2-hydroxyacetophenone. Upon treatment with the polyatomic anions azide, cyanate, or thiocyanate in methanol medium, complex 1 transforms into the corresponding trinuclear species $[(CuL)2Mn(N3)2]$ (2), $[(CuL)2Mn(NCO) 2]$ (3) and $[(CuL)2Mn(NCS)2]$ (4). All four complexes have been structurally and magnetically characterized. In complex 1 the central Mn(ii) ion is encapsulated by three terminal [CuL] units through the formation of double phenoxido bridges between Mn(ii) and each Cu(ii). In complexes 2-4 one of the CuL units is replaced by a couple of terminal azide, N-bonded cyanate or N-bonded thiocyanate ions respectively and the central Mn(ii) ion is connected to two terminal Cu(ii) ions through a double asymmetric phenoxido bridge. Variable temperature magnetic susceptibility measurements show the presence of moderate ferrimagnetic exchange interactions in all the cases mediated through the double phenoxido bridges with J values (H = -JS iSi + 1) of -41.2, -39.8 and -12.6 cm^{-1} (or -40.5 and -12.7 cm^{-1} if we use a model with two different exchange coupling constants) for the tetranuclear MnCu3 cluster in compound 1 and -20.0, -17.3 and -32.5 cm^{-1} for the symmetric trinuclear MnCu2 compounds 2-4. These ferrimagnetic interactions lead to spin ground states of 1 (5/2 - 3*1/2) for compound 1 and 3/2 (5/2 - 2*1/2) for compounds 2-4. © 2012 The Royal Society of Chemistry. (119 refs.)

图 4-8   文摘记录显示页面

Abstract - Detailed

Blog This   E

Record 1 from Compendex for: (((bridge) WN TI) AND ((analyse) WN TI)), 2000-2012

Check record to add to Selected Records

☐ 1.   **Accession number:** 20115114611119   EI文章收录号

Title: **Synthesis of the first heterometalic star-shaped oxido-bridged MnCu 3 complex and its conversion into trinuclear species modulated by pseudohalides (N3⁻, NCS⁻ and NCO⁻): Structural** analyses **and magnetic properties**

Authors: Biswas, Saptarshi[1]; Naiya, Subrata[1, 2]; Gómez-García, Carlos J.[3]; Ghosh, Ashutosh[1]

Author affiliation: 1 Department of Chemistry, University College of Science, University of Calcutta, 92 A.P.C. Road, Kolkata 700 009, India

2 Susil Kar College, Ghoshpur, Champahati, West Bengal 743330, India

3 Instituto de Ciencia Molecular (ICMol), Parque Científico, Universidad de Valencia, 46980, Paterna Valencia, Spain

Corresponding author: Gómez-García, C.J. (carlos.gomez@uv.es)

Source title: Dalton Transactions

Abbreviated source title: Dalton Trans.

Volume: 41

Issue: 2

Issue date: January 14, 2012

Publication year: 2012

Pages: 462-473

Language: English

图 4-9   详细资料记录显示页面

2. 保存、打印检索结果

在检索结果显示页面上，点击需要打印或保存记录前的选择框，点击"View Selections"按钮浏览被选择的记录（图 4-10），然后点击"E-mail"或"Print"，即可发送或打印所选中的记录。点击"Download"按钮，出现下载格式选择页面（图 4-11），选择下载格式，即按所选格式下载文献。

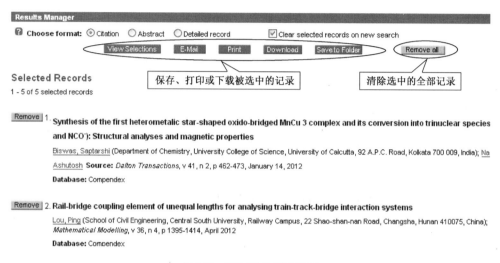

图 4-10 被选择记录浏览页面

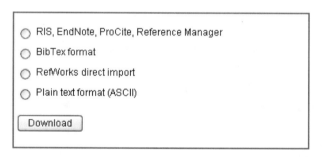

图 4-11 下载格式选择页面

第二节 美国《科学引文索引》(Web of Science)检索平台

一、平台简介

美国《科学引文索引》(Science Citation Index，简称 SCI）于 1961 年创刊，现为双月刊，同时出版年度累计索引，1998 年起新增光盘版引文索引。1997 年美国 Thomson Reuters 公司建立了的基于 ISI Web of Knowledge（简称 WOK）检索平台的 Web of Science 综合性文摘索引数据库。它收录了1万多种来自各个研究领域的学术期刊的文献信息,内容主要涉及数、理、化、农、林、医、生物等基础科学研究领域,选用刊物来源于40多个国家、50多种文字,是世界上最具权威的文献检索工具之一。目前,Web of Science主要包括4个引文数据库:

1. Science Citation Index Expanded(SCI-EXPANDED)

收录包括印刷版(核心版)SCI的3 700多种期刊在内共6 100多种科学技术期刊1900年以来的数据,提供1991年以来的作者摘要。

2. Social Sciences Citation Index(SSCI)

收录1 800多种社会科学期刊,也从近3 300种科技类期刊中挑选相关数据收录,涵盖主题约50余种,与印刷版的SSCI内容一致,提供1956年以来的数据,1992年以来的作者摘要。

3. Art&Humanities Citation Index

收录1 100多种艺术与人文类期刊,也从近7 000种自然科学和社会科学期刊中挑选相关数据收录,主题涵盖艺术评论、戏剧音乐及舞蹈表演、电视广播等,提供1975年以来的数据,2000年以来的作者摘要。

4. Conference Proceeding Citation Index(CPCI)

简称CPCI,是原来的ISI Proceedings数据库,分为自然科学版(CPCI-S)和人文社会科学版(CPCI-SSH)。

此外,Web of Science还包含两个化学信息数据库,即Index Chemicus(简称IC,检索1993年至今的新化合物)和Current Chemical Reactions(简称CCR,检索1986年至今新奇的化学反应)。

二、检索方法

2008年10月新推出的ISI Web of Knowledge平台4.4版提供中文检索界面,登录ISI Web of Knowledge选择Web of Science进入检索页面(图4-12),系统提供了一般检索、被引参考文献检索、化学结构检索和高级检索4种检索方式,默认检索方式为一般检索。Web of Science的各个数据库既可以独立使用,也可以综合起来进行检索。

1. 一般检索

(1)检索规则

①不区分大小写:可以使用大写、小写或混合大小写。例如,AIDS、Aids以及aids可查找相同的结果。

②检索运算符:如果在检索式中使用不同的运算符,则会根据下面的优先顺序处理检索式:NEAR/x 、SAME 、NOT 、AND 、OR。

注意:在各个检索字段中,检索运算符(AND、OR、NOT、NEAR和SAME)的使用会有所变化。例如:在"主题"字段中,可以使用AND,但在"出版物名称"字段中却不能使用;NEAR可以在多数字段中使用,但不能在"出版年"字段中使用;在"地址"字段中可以使用SAME,但不能在其他字段中使用。

③通配符:在大多数检索式中都可以使用通配符(＊$?);但是,通配符的使用规则会随着

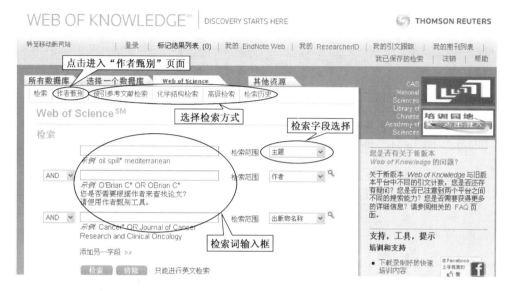

图 4-12　一般检索页面

字段的不同而不同。星号（＊）表示任何字符组，包括空字符；问号（？）表示任意一个字符；美元符号（$）表示零或一个字符。

④短语检索：若要精确查找短语，请用引号括住短语。例如，检索式"energy conservation"将检索包含精确短语 energy conservation 的记录。这仅适用于"主题"和"标题"检索。

如果输入不带引号的短语，则检索引擎将检索包含用户所输入的所有单词的记录。这些单词可能连在一起出现，也可能不连在一起出现。例如，energy conservation 将查找包含精确短语 energy conservation 的记录，还会查找到包含短语 conservation of energy 的记录。

如果输入以连字号、句号或逗号分隔的两个单词，则词语将视为精确短语。例如，检索词 waste-water 将查找包含精确短语 waste-water 或短语 waste water 的记录，而不会查找包含water waste、waste in drinking water 或 water extracted from waste 的记录。

⑤括号：括号用于将合成的布尔运算符进行分组。例如：（Antibiotic OR Antiviral）AND（Alga＊ OR Seaweed）；（Pagets OR Paget′s）AND（cell＊ AND tumor＊）。

⑥撇号：撇号被视为空格，是不可检索字符。请确保检索不带撇号的不同拼写形式。例如，Paget′s OR Pagets 可查找包含 Paget′s 和 Pagets 的记录。

⑦连字号：输入带连字号或不带连字号的检索词可以检索用连字号连接的单词和短语。例如，speech-impairment 可查找包含 speech-impairment 和 speech impairment 的记录。

（2）常用检索途径

Web of Science 提供了包括主题、标题等 16 种检索途径供用户选择（图 4-13）。

①主题：在标题、文摘、作者关键词和 Keywords Plus® 等字段进行检索。

②标题：检索将在文献标题字段进行检索。

③作者：输入作者姓名，可在记录中检索作者、书籍作者、书籍团体作者、团体作者字段。

作者姓名输入方法：首先输入姓氏，再输入空格和作者名字首字母，作者名字首字母后应加入通配符;输入全名或使用通配符（＊$?）输入部分姓名。可以使用布尔运算符（AND、OR、NOT）连接多个姓名。如果使用"唯一作者集"功能，建议使用"作者甄别"来检索作者姓名。

图 4-13　检索字段及检索限定页面

④出版物名称：输入完整或部分出版物名称，后跟通配符（＊$?），可以检索记录中的"来源出版物"字段，如：期刊标题、书籍、书籍名称、丛书名称、书籍副标题等。务必用 OR 布尔运算符连接多个标题。检索出版物时不要使用 AND、NOT、NEAR 和 SAME，因为系统将返回错误信息。

⑤DOI：数字对象标识符（DOI）是用于唯一标识某个电子文档的字符串。它类似于用于唯一标识期刊的 ISSN，或用于唯一标识书籍的 ISBN。输入唯一的 DOI 代码快速查找特定记录或输入一个或多个用 OR 检索运算符连接的代码查找多个记录。

⑥出版年：输入四位数的年份或年份范围，查找在特定年份或某一年份范围发布的记录请勿使用通配符来表示年份范围。例如，检索 2009—2010 将检索这两年的记录，但 200＊将返回错误消息。无法单独检索"出版年"字段，输入的出版年必须与另一字段相组配。因此，输入与主题、标题、作者或出版物名称等检索式相组配的出版年。

⑦地址：通过在作者地址字段中输入机构或地址的完整或部分名称，可以检索"地址"字段。例如，输入 Univ 和 University 在找到记录中的地址字段都将出现检索词"Univ"的机构。建议将"地址"检索与"作者"检索结合起来使用，这样可扩大或缩小检索结果。

⑧会议：使用"会议"字段可以检索会议录文献记录中的会议标题、会议地点、会议日期、会

议赞助方等字段。如果要查找特定的会议录论文，可以将"会议"字段和"主题"或"作者"字段组配起来检索。

（3）检索范围限定

系统提供了时间跨度、数据库选择、调整检索设置以及检索结果设置等检索限定条件（图 4-13）。

①时间跨度：系统默认为所有年份。点击"时间跨度"前面的⊞按钮展开时间段选择。

②引文数据库和化学数据库：系统默认同时跨库检索 Web of Science 的 SSCI（1996～今）、SCI-EXPANDED（1899～今）、CPCI-S（1990～今）3 个引文数据库和 IC（1993～今）、CCR-EXPANDED（1986～今）2 个化学数据库，如果要单库检索，则点击"引文数据库"或"化学数据库"前的⊞按钮展开相应的数据库选项。

③调整检索设置：在主题和标题检索中，系统会同时自动查找检索词的不同拼写形式（美式和英式拼写，例如 behavior 和 behaviour）。要禁用该功能，点击"调整检索设置"前的⊞按钮，在"词形还原"选项中选择"关闭"即可。

④调整检索结果设置：提供了每页显示的记录数、检索结果排序方式以及精炼面板等选项，用户可根据需要自行设定。

用户在输入检索词、选择好检索范围后单击"检索"按钮进行检索，查看检索结果页面。

2. 被引参考文献检索

被引参考文献检索是检索论文被引用的情况，一篇文献被多少人引用、被引次数等相关记录。在一般检索页面选择"被引参考文献检索"进入被引参考文献检索页面（图 4-14）。

图 4-14　被引参考文献检索页面

被引参考文献检索提供了被引作者、被引著者、被引年份、被引卷、被引期和被引页 6 种检索途径，各检索途径用逻辑运算符 AND 组配。检索范围限定条件同一般检索。输入检索词选择检索范围，然后单击"检索"按钮进行检索，查看检索结果页面。

在进行被引参考文献检索时，如果是有多个作者的论文、文献或书籍，则输入第一作者姓名；由于拼写形式可能不同，输入期刊名称缩写或书籍名称的前一个或两个重要词语后面跟星号（＊）截词符将其截断，或在"被引著作"检索辅助工具或"期刊缩写索引"中查找被引著作的缩写，否则检索可能无法提供所有的结果，或是根本没有结果。

3. 化学结构检索

选择要检索的化学数据库，包括 Index Chemicus 和 Current Chemical Reactions。化学结构检索页面分为三个部分：化学结构绘图检索（图 4-15）、化合物数据检索和化学反应数据检索（图 4-16）。

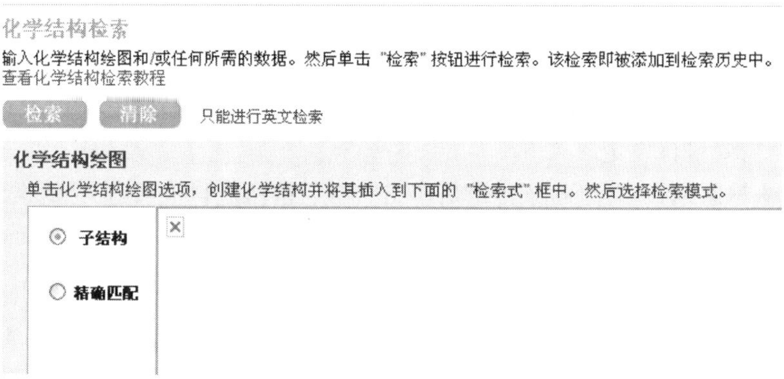

图 4-15　化学结构绘图检索页面

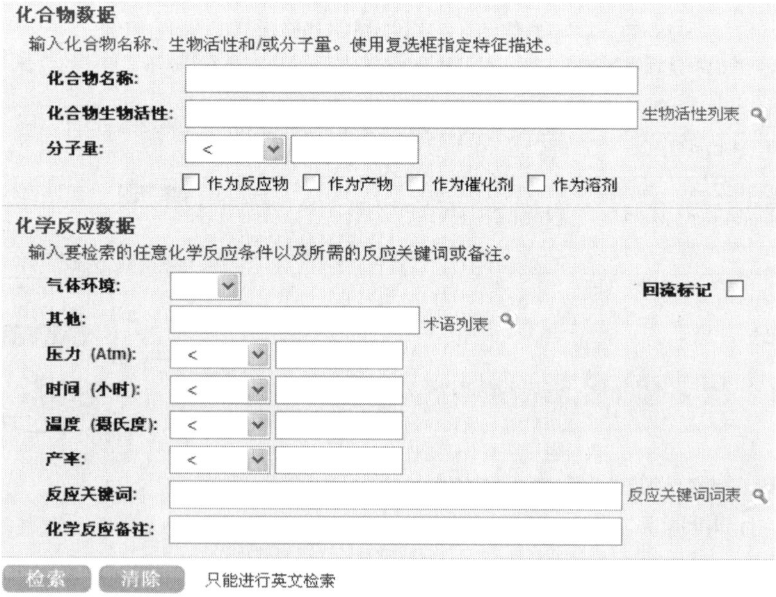

图 4-16　化合物数据检索和化学反应数据检索页面

（1）化学结构绘图检索

使用 Accelrys JDraw 小程序创建化学结构检索式，将其插入到检索框中，点击"检索"按钮进行检索。化学结构绘图检索有子结构和精确匹配两种检索模式：子结构查找包含结构绘图窗口中结构的化合物和反应；精确匹配查找与结构绘图窗口中的结构精确匹配的化合物和反应。

（2）化合物数据检索

在化合物名称字段后面的输入框中输入天然产物的名称或化合物名称（不含前缀）。例如：Mycotrien ＊、C60 OR C-60 OR fullerene ＊ OR buckminster ＊ 或 Carbacyclin。不能在"化合物名称"字段检索如 ＋/－ 的这样字符。注意，在相同字段输入两个或两个以上相邻的化学检索词时，系统会使用隐含的 AND。例如：在"化合物名称"字段输入 Gly Asp Ser 与 Gly AND Asp AND Ser 效果相同。

单击生物活性列表链接转至可将生物活性添加至检索的检索辅助工具。此检索辅助工具允许选择一个或多个检索词添加到检索式中。

输入前面带有大于（＞）或小于（＜）符号的单个数值。也可以使用 ≥、≤、＝和 between 等关系运算符。

如果要指定化合物在反应中的角色，选择作为反应物、作为产物、作为催化剂和作为溶剂等某一个复选框。

"化合物数据"部分，在一个或多个化合物数据检索字段中输入检索词，可输入最多 11 个由检索运算符连接的不同检索词。如果要检索精确的化学短语，用引号将短语引起。

（3）化学反应数据检索

如果同时选择了两个数据库，但只在"化学反应数据"部分输入检索词，将只检索到来自 Current Chemical Reactions 的记录。

气体环境：从菜单中选择一个值：Any、Air、O_2、N_2、H_2、He、Ar、CO、CH_4 或 CO_2。

回流标记：选中此复选框以检索标记为回流的反应。默认设置是不选中，意味着检索反应时不考虑回流标记的内容。

其他：基于不适合任何其他反应数据字段的条件检索反应。单击检索词列表链接转至可查找有意义检索词以添加至检索的检索辅助工具。

在压力（Atm）、时间（小时）、温度（摄氏度）和产率等字段，从菜单中选择关系运算符，然后输入相应单独的数值。

反应关键词：反应关键词标识一般反应类别、命名的化学反应、新催化剂和试剂、完全合成等内容，单击反应关键字列表链接转至可检索有意义的反应关键字，以添加至检索的检索辅助工具。

化学反应备注：备注可以包括优点、限制、警告和其他定性数据。系统检索记录中的"化学反应备注"字段。

4. 高级检索

在一般检索页面点击"高级检索"进入高级检索页面（图 4-17），高级检索是使用字段标识、检索式组配或同时使用二者来检索记录。检索式由一个或多个字段标识以及一个检索字符串组成。允许使用逻辑运算符和通配符。例如：TI＝Global Warming 可查找同一记录中包含检索词"global"和"warming"的记录。

页面底部的检索历史表格显示在当前会话期间所有成功运行的检索。检索式按倒序数字顺序显示在"检索历史"表中，可以通过 AND 或 OR 选项组配两个或多个检索式。

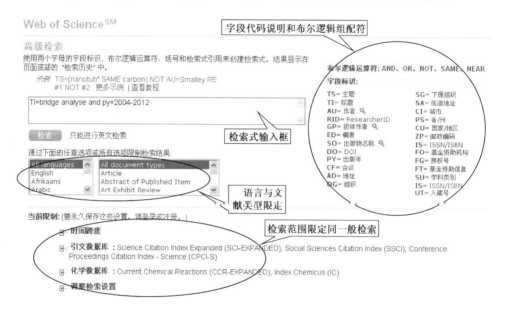

图 4-17　高级检索页面

三、检索结果及处理

1. 检索结果显示

用户在点击了"Search"按钮后出现系统默认的检索结果题录浏览页面（图 4-18），页面顶部显示用于检索的检索语句，包括所选的时间跨度和数据限制（例如文献类型和语种）。如果要过滤或减少"检索结果"页面上的记录，可进行二次检索。在"结果内检索"文本框中输入"主题"检索式，然后单击检索。

单击分析检索结果，转至检索结果分析页面，以进一步分析字段数据。使用此功能可以从所选字段提取数据值，然后生成报告，按分级顺序显示所提取的数据值。

若要查看某一题录的详细记录，则单击该题录的蓝色标题链接到文献细览页（图 4-19）。在文献细览页用户可以进行多个知识节点的链接（点击页面上的蓝色字体即可链接到相应的知识点页面）。

使用"创建引文跟踪"功能，当该记录被别人引用时系统会以电子邮件的方式通知。

"引证关系图"以互动的树状图形式显示某一论文和其他论文之间的引用关系（引用参考文献和施引文献）。

"Related Records"表示在当前数据库中有与正在查看的记录共同引用的参考文献的记录。

"引用的参考文献"链接将转至"所有数据库"的"引用的参考文献"页面，可以在此查看当

图 4-18　检索结果题录页面

图 4-19　文献细览页面

前记录引用的文献。

"查看期刊目录"可以查看出现此文章的期刊的目录。

2. 保存、打印检索结果

在检索结果的题录页面和文献细览页面均提供了记录的各种处理方式。选中要添加到标记结果列表的各条记录的复选框,将记录添加到"标记结果列表"中,即可从"标记结果列表"页面中对这些记录进行打印、保存、通过电子邮件发送、订购或导出操作。或是在两种显示页面的底部(图 4-20,图 4-21)选择要输出的记录、输出的格式以及输出的方式等保存或打印检索结果。

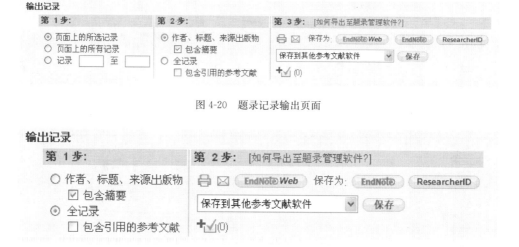

图 4-20   题录记录输出页面

图 4-21   文献细览页记录输出页面

第三节   ScienceDirect 电子期刊全文检索平台

一、平台简介

荷兰 Elsevier Science 公司是世界知名出版商,其出版的期刊是世界上公认的高品位学术期刊,大多数都被 SCI、EI 所收录。ScienceDirect 是 Elsevier Science 公司开发研制的完全基于 web 的电子期刊全文数据库检索系统,也是全球最权威、应用最广泛的多学科全文电子数据库。平台提供 2 200 多种期刊,收录了 1823 年以来内容涵盖数学、物理、天文、地球科学、化学、化工、材料科学、生物、农业、医学、计算机、能源、环境科学、经济和社会科学等 24 个学科领域的 700 多万篇文献全文。

在国内,从 2000 年 1 月开始我国诸多高校和科研单位图书馆采用集团采购的形式分别在清华大学和上海交通大学建立了镜像服务站点,向用户提供 Elsevier 电子期刊的服务。目前,中国有超过 200 个高校订购了 ScienceDirect 全文数据库,每月下载量高达 250 万篇,是中国用量最高的外文数据库之一。

二、检索方法

ScienceDirect 电子期刊全文检索平台提供快速检索(Quick Search)、高级检索(Advanced Search)、专家检索(Expert Search)和浏览(Browse)4 种检索方式。登录 ScienceDirect 检索平台,系统默认为快速检索页面(图 4-22)。

1. 快速检索

在快速检索页面,系统提供了篇名、文摘、关键词和作者等检索途径,还可以进行检索范围

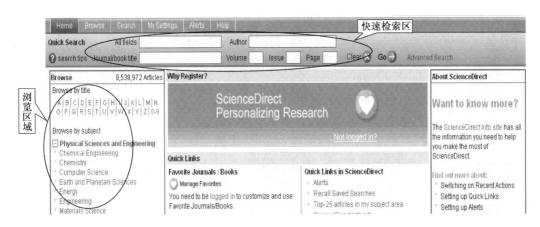

图 4-22 快速检索页面

限定(期刊名/书名、卷、期和页码),在检索框中输入检索词、限定检索范围后点击"Go"按钮即可进行检索。

2. 高级检索

在快速检索页面,点击"Search"或"Advanced Search"按钮即可进入高级检索页面(图 4-23)。

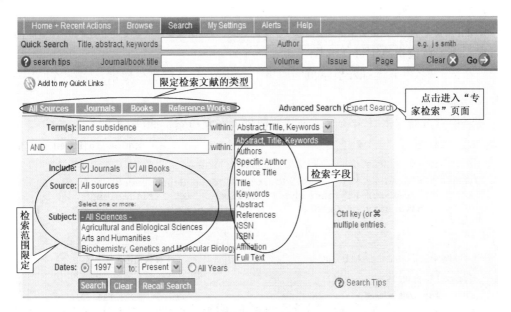

图 4-23 高级检索页面

(1)检索规则

①不区分大小写:检索词的输入可以使用大写、小写或混合大小写。

②逻辑运算符:在同一检索字段中,可以用布尔逻辑算符 AND、OR、NOT 来确定检索词之间的关系(布尔逻辑算符要求大写),如果没有算符和引号,系统默认各检索词之间的逻辑关系为 AND。逻辑运算符的优先级为 OR 、AND、NOT。

③截词符：无限截词符用＊，表示取代单词中的任意个（0，1，2，…）字母，如 behav＊可以检索到 behave、behaviour、behavioural 等词；有限截词符用？，使用几个？，就代表在此位置上最多允许有几个字母发生变化，如 analy？e，可检索到 analyse、analyze。两种通配符可以同时使用。

④W/n：两词相隔不超过 n 个词，词序不定，如 quick w/3 response。

⑤PRE/n：两词相隔不超过 n 个词，词序一定，如 quick pre/2 response。

⑥作者姓名拼写：先输入名的全称或缩写，然后再输入姓，如 pengzhen lin；r smith。

⑦拼写词：用 TYPO［］可进行同一词义不同拼写的检索，如 TYPO［fibre］还可找出 fiber。

⑧宽松短语检索用"　"：标点符号、连字符、停用字等会被自动忽略，如"heart-attack"。

⑨精确短语检索用'　'：所有符号都将被作为检索词进行严格匹配，如'information integration'。

（2）检索途径

在高级检索页面，系统提供了文摘、篇名、关键词（Abstract、Title、Keywords）、作者（Author）、特定作者（Specific Author）、刊名（Source Title）、篇名（Title）、关键词（Keywords）、文摘（Abstract）、参考文献（References）、国际标准刊号（ISSN）、国际标准书号（ISBN）、作者单位（Affiliation）和全文（Full Text）12 个检索途径字段。

（3）检索范围限定

检索范围限定有资源的类型（Source）、学科领域（Subject）和检索时间段（Dates）等选项，用户可根据需要对检索范围进行选择。

用户在输入检索词、选择好检索范围后单击"Search"按钮进行检索，查看检索结果。

3. 专家检索

在高级检索页面点击"Expert Search"按钮进入专家检索页面（图 4-24）。

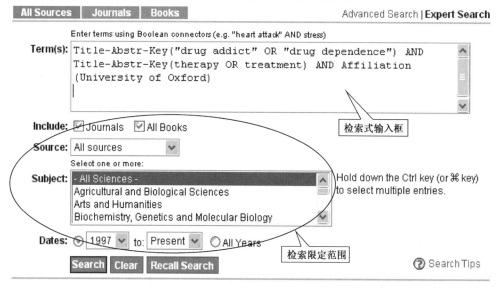

图 4-24　专家检索页面

专家检索可对不同的字段进行布尔逻辑的组配检索,检索范围限定条件同高级检索页面。检索式的编制格式是:Field_name(search_term),例如,Title(bridge) AND Abstract(analy? e)表示查找题名中含有 bridge 同时关键词中含有 analy? e 的文献。

专家检索常用字段有:Title-Abstr-Key(复合字段)、Abstract(摘要)、Authors(作者)、Affiliation(机构)、Keywords(关键词)、References(参考文献)、Title(文章标题)、Journal-Name(期刊名称)。

4. 浏览

在 ScienceDirect 检索平台快速检索页面,点击"Browse"进入浏览页面。浏览有两种方式:按字顺浏览和按学科浏览。

按字顺浏览:系统将期刊/图书按字母顺序排列起来,用户可以按刊名/书名逐卷逐期地直接阅读想看的资源。

按学科浏览:系统将期刊/图书按 24 个学科分类,再按字母顺序排列,也可跨学科浏览。

在浏览页面可直接进行快速检索,还可对某个选定的期刊/图书进行快速检索。此外,在按刊名/书名或学科浏览的同时,允许按单刊/书或单学科检索。

三、检索结果及处理

1. 检索结果显示

用户在检索页面点击了"Search"按钮后,出现系统默认的 ScienceDirect 电子期刊全文检索结果题录浏览页面(图 4-25),页面顶部显示用于检索结果的检索语句,包括所选的时间跨度和检索式。如果要过滤或减少"检索结果"页面上的记录,还可进行二次检索,在检索结果页面右上角的"Search Within Results(结果内检索)"文本框中输入"主题"检索式,然后单击"Go"检索。

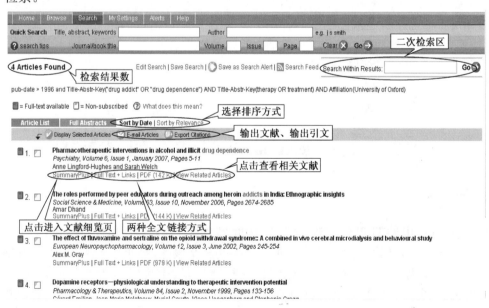

图 4-25　检索结果题录页面

系统默认的检索结果排列方式为"Sort by Date(按时间倒序排列)",用户还可通过点击"Sort by Relevance(按相关度排列)"重新选择结果排列方式。

题录部分包含了文献的题名、刊名、卷期、出版时期、页码、作者等信息,在题录下面的蓝色字体部分是文献详细信息、全文和相关文献等链接。如果想要查看某一文献的详细信息则点击题名或该题录下方的"Summaryplus"进入文献细览页(图4-26)。在每条题录前面都有一个标识,绿色的标识表示能够看到全文,白色的标识表示只能看到文摘。

图4-26　文献细览页

2. 保存、打印检索结果及获取全文

点击题录页面文献题名前的白色方框,选择保存的题录,选择结束后,点击"E-mail Articles"按钮可将标记过的记录以电子邮件的方式发送到用户指定的位置;点击"Export Citations"按钮可将标记过的记录的引文或文摘以特定的格式输出。

在题录页面和文献细览页面均提供了获取全文的链接,点击"Full Text ＋Links"或"PDF"按钮,按照系统弹出的下载页面提示,用户选择保存路径,即可在线浏览 HTML 格式全文或下载 PDF 格式全文。

第四节　Springer Link 电子期刊全文检索平台

一、平台简介

SpringerLink 电子期刊全文检索平台是世界著名科技出版集团——德国施普林格(Springer-Verlag)的产品,提供了 1 250 种电子期刊全文服务,每年加入超过 100 000 篇最高水平新科技研究成果。内容涵盖建筑和设计、行为科学、生物医学和生命科学、商业和经济、化学和材料科学、计算机科学、地球和环境科学、工程学、人文、社科和法律、数学和统计学、医学、物理和天文学、计算机职业技术与专业计算机应用 14 个学科领域,是科研人员的重要信息源。

　　SpringerLink 通过国内的清华大学镜像站点(http://springer.lib.tsinghua.edu.cn)和全球主站点(http://www.springerlink.com)提供服务,数据同步更新。国内用户可登录 SpringerLink 的国内外站点浏览和检索文献的卷、期、题名和文摘。已获授权的用户可对包括 Springer 网络版丛书在内的 SpringerLink 所有电子出版物进行浏览、检索和查阅文献的标题和文摘;未获授权的用户可以访客的身份进入系统,免费获得资源的目录和文摘信息。注册用户登录后,可获得 SpringerLink 提供的免费个性化功能(My Menu):标记条目(Marked Items)、订购检索历史(History)、保存检索结果(Saved Items)、设置个人收藏夹(Favorites)和提醒(Alerts)。

二、检索方法

　　SpringerLink 新检索平台采用 Google 风格的检索方式,用户可以先进行模糊检索或浏览,得到一个较宽泛的检索结果,然后结合自己的检索需求,按照主题、著者、出版时间等检索条件进一步限定,系统提供简单检索、高级检索和浏览 3 种检索方式。

1. 简单检索

　　登录检索平台后,系统默认为简单检索页面(图 4-27)。在简单检索页面的右上角可以对检索页面的语种(有英文、中文简体、中文繁体、韩语等多种语言)进行选择,如选择"中文(简体)旧版",则检索页面转换为图 4-28。

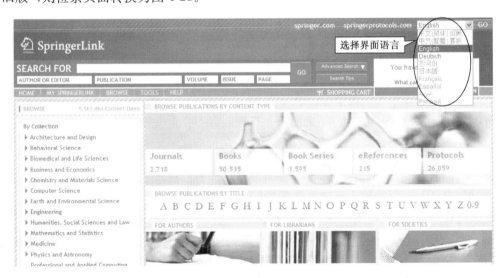

图 4-27　系统默认的简单检索页面

　　简单检索页面显示了浏览的两种方式:"Content type(按名称浏览)"、"Subject collection(按学科浏览)"。

　　简单检索页面检索方式有两种:一种是直接在"Find content by keyword(按关键词全文检索)"输入框中输入检索词或词组,点击"提交"进入检索结果页面;另一种是点击"提交"前面的省略号按钮,按照页面(图 4-29)显示的"构建检索表达式对话框"中检索字段及其编码、逻

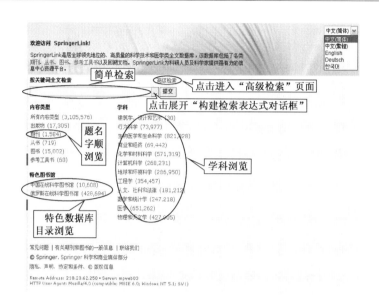

图 4-28　中文简单检索页面

辑运算符、通配符和检索式的格式等说明在输入框中编写检索式,然后点击"提交"查看检索结果。

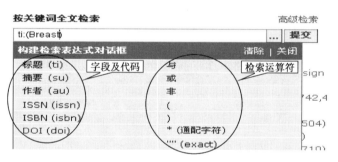

图 4-29　构建检索表达式对话框

注意,在选择作者途径检索时,SpringerLink 检索平台对作者的姓进行检索,名在检索过程中常被忽略,因此,只需输入作者姓名的姓即可。

检索过程中,合理地使用检索字段和检索运算符,可以使检索结果更为精确。例如:ti:(bridge analyse) AND au:(lin)表示检索文章篇名中包含"bridge analyse"、并且著者姓名中包含"lin"的文献。

SpringerLink 的检索算符包括了布尔逻辑运算符和系统专用的检索算符(如词组检索算符、截词符等)。

①布尔逻辑运算符:"AND"、"OR"、" NOT"检索词或词组之间的逻辑"与""或""非"的关系。

②截词符 * ,代表零个或若干个字符,可以检索到一个词干的所有形式。例如:输入 key * ,可检索到包含 key、keying、keyhole、keyboard 等词的文献。

③通配符?:将符号用"?"放置在词中间,表示模糊检索。

④词组检索算符"　"：系统中使用英文双引号作为词组检索算符，在检索时将英文双引号内的几个词当作一个词组来看待。例如：检索"system manager"，只检索到 system manager 这个词组，检索不到 system self-control manager 这个短语。

⑤禁用词：一些常见词如"the"，"is"等不能出现在检索式中，但系统不会将"and"作为禁用词。

2. 高级检索

在简单检索页面点击"高级检索"按钮进入高级检索页面(图 4-30)。高级检索页面提供了全文、标题、摘要、作者、编辑、ISBN、ISSN 和 DOI(数字对象标识)8 种检索途径和检索词输入框。在一个或多个检索词输入框中键入检索词，多个检索条件(检索词输入框)之间的逻辑关系为"与(AND)"，选择按出版时间、相关度对检索结果排序，点击"检索"按钮查看检索结果。

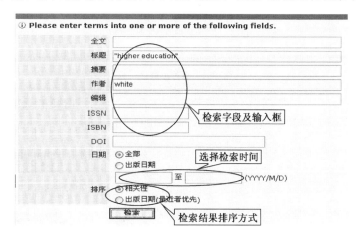

图 4-30　高级检索页面

注意：SpringerLink 检索平台对时间输入的格式有要求，格式为"MM/DD/YYYY(月/日/年)"如"12/30/2011"。

3. 浏览

(1)名称浏览

根据期刊名称浏览期刊的某卷某册。如果知道期刊的名称，想看其中的某一册，可用名称浏览方式。点击简单检索页面的"内容类型"下面的"期刊"按钮即进入名称浏览页面(图 4-31)。点击某一刊名可进入该期刊的详细信息页面；点击某一卷期可浏览其具体的信息。通过名称浏览页面右栏的二次检索区可进一步进行精确查找。

(2)学科浏览

根据学科分类栏浏览某学科的某期刊。如果希望浏览某一学科的出版物，可通过学科浏览方式进行。点击简单检索页面"学科分类"下的某一学科名称或是点击名称浏览页面右栏"学科"下的某一学科名称进入学科浏览页面(图 4-32)。点击某一刊名可进入该期刊的详细信息页面；点击某一卷期可浏览其具体的信息。通过学科浏览页面右栏的二次检索区可进一步进行精确查找。

图 4-31　名称浏览页面

图 4-32　学科浏览页面

三、检索结果及处理

1. 检索结果显示

用户在检索页面点击了"提交"或"检索按钮"按钮后,出现 SpringerLink 电子期刊全文检索平台默认的结果题录浏览页面(图 4-33)。在检索结果题录浏览页面,用户可以选择检索结果显示的方式、点击"添加入标记条目中"按钮对记录进行标记、浏览或下载全文、在二次检索区可通过输入检索词进行精确查找等。

题录部分包含了文献的题名、作者、刊名、卷、期、出版时期等信息,在题录下面是该记录的

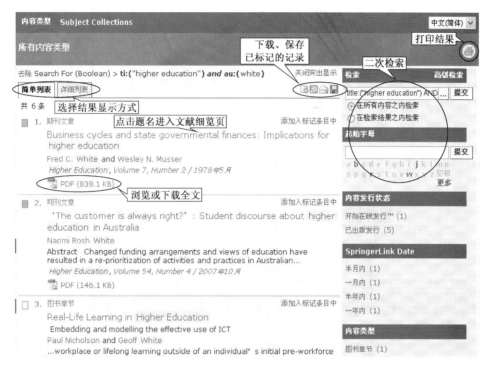

图 4-33　检索结果题录页面

PDF 全文链接按钮。如果想要查看某一文献的详细信息则点击题名进入文献细览页面(图 4-34)。文献细览页提供了文献的题名、刊名、出版社、ISSN 号、卷、期、DOI 号、页、学科分类、作者、作者单位和文摘等详细信息，同时也提供了全文下载链接。

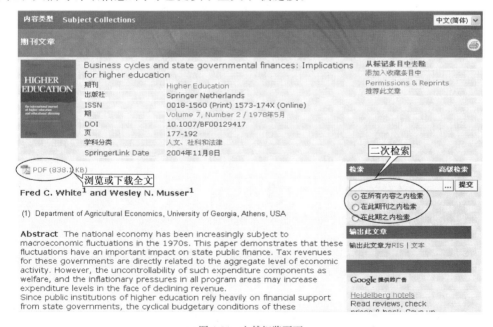

图 4-34　文献细览页面

在每条题录前面都有一个标识,绿色的标识表示可访问该文献的所有内容,半绿色的表示可访问部分内容,白色的表示不能访问任何内容。

2. 保存、打印检索结果及获取全文

在检索结果题录页面点击"添加入标记条目中"按钮对检索结果进行标记。标记过的记录,可以暂时保存在系统中,也可以通过个性化服务功能进行永久保存。因此,检索结果可以通过多种方式输出:下载、RSS、E-mail、保存在磁盘和直接打印。

在题录页面和文献细览页面均提供了获取全文的链接,点击"PDF"按钮,按照系统弹出的下载页面(图 4-35)提示,选择"打开"或"保存"路径,即可在线浏览或下载保存 PDF 格式全文。

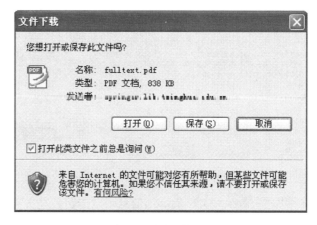

图 4-35　全文下载页面

第五章 外文专题数据库信息资源检索

第一节 美国土木工程师学会(ASCE)检索平台

一、平台简介

美国土木工程师学会(The American Society of Civil Engineers,简称 ASCE)成立于 1852年,至今已有 150 多年的悠久历史,是历史最久的国家专业工程师学会。现在,ASCE 也是全球最大的土木工程信息知识的出版机构,每年有 5 万多页的出版物。2011 年学会出版物包括33 种专业期刊、会议录,以及各种图书、委员会报告、实践手册、标准和专论等。ASCE 出版的期刊大部分被 SCI 收录,其中,有 11 本期刊在 2009 年 JCR 收录 106 本土木工程类期刊中,总引用量排名前 40 名。

ASCE 于 2004 年推出在线会议录(ASCE Online Proceedings),收录 260 多卷 ASCE 召开的土木工程国际会议文献。会议录注重于实际应用,为土木工程从业者和研究者提供新兴技术和前沿技术中发现的全面而深入的研究信息。ASCE 会议录是土木工程领域的核心资源,并且无法从其他途径取得。

ASCE Library 是全球最大的土木工程全文文献资料库。它收录了 ASCE 所有专业期刊(回溯至 1983 年)和会议录(回溯至 2000 年),总计超过 73 000 篇全文、650 000 页资料,每年新增约 4 000 篇文献。用户可以在此一站式检索土木工程领域的核心资源,访问地址:http://www.ascelibrary.org。

ASCE 期刊和会议录覆盖了土木工程专业的所有学科领域,包括:Aerospace(航空宇宙)、Architectural(建筑设计)、Coastal and Ocean(海岸和海洋)、Construction(建筑工程实施)、Energy(能源)、Engineering Mechanics(工程力学)、Environmental(环境)、Geotechnical(地球技术)、Hydraulic(水力学)、Infrastructure(基础设施)、Materials(材料)、Management(工程项目管理)、Professional Issues(建筑设施性能)、Structural(结构)、Transportation(运输)、Urban Planning(城市规划)、Water Resources(水资源)、Computing in Civil Engineering(土木工程领域的计算机应用)。

二、检索方法

ASCE Library 检索平台提供了快速检索(QUICK SEARCH)、高级检索(ADVANCED SEARCH)和浏览(BROWSE)3 种检索方式(图 5-1)。

1. 快速检索

登录 ASCE Library 检索平台,系统默认检索页面为快速检索页面(图 5-2),快速检索方式允许用户直接在检索词输入框中输入检索词,然后选择文献检索范围,系统提供了三种选择

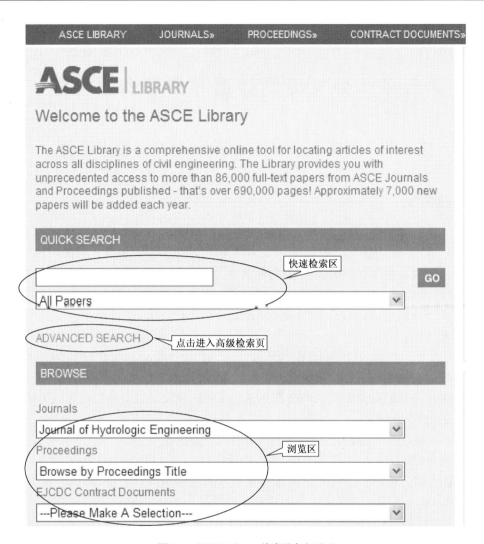

图 5-1　ASCE Library 检索平台主页面

All Papers（全部论文）、Journal Papers（期刊论文）和 Proceedings Papers（会议论文），确定好检索词和检索范围之后点击"GO"按钮进行文献信息检索。

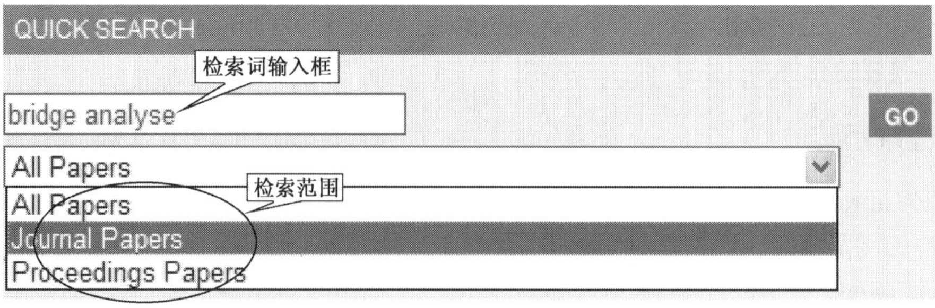

图 5-2　快速检索页面

2. 高级检索

在 ASCE Library 检索平台主页面,点击"ADVANCED SEARCH"按钮即可进入高级检索页面(图 5-3)。

图 5-3　高级检索页面

高级检索提供了灵活而强大的检索功能,可以利用逻辑运算符将多个检索框进行逻辑组配,用户可以通过系统提供的多种检索途径、检索范围限定条件、检索结果排序及每页显示的记录数等条件进行精确的检索。

(1)检索规则

①不区分大小写:检索词的输入可以使用大写、小写或混合大小写。

②逻辑运算符:可使用布尔逻辑算符 AND、OR、NOT、NEAR 来连接不同字段检索词。如果没有算符和引号,系统默认各检索词之间的逻辑关系为 AND。NEAR 表示两词紧挨着出现,前后位置任意。

③截词符:无限截词符用 ∗ ,表示取代单词中的任意个(0,1,2,…)字母;有限截词符用?,使用几个?,就代表在此位置上最多允许有几个字母发生变化。两种通配符可以同时使用。

④精确短语检索用英文双引号:所有符号都将被作为检索词进行严格匹配,如"information integration"。

⑤支持词干检索:如果输入的检索词不带引号,系统将检索以输入词的词干为基础的各种派生词。如输入 manage,系统将同时检索 manage、manages、managed 和 managing 等。

(2)主要检索途径

①Full Bibliographic Record:将在所有题录字段即全文中检索。该字段为系统默认字段。

②Abstract/Title/Keywords:将在文摘、标题、关键词等字段进行检索。检索词可为词、词组或短语。

③Body of Article:将在文章正文中检索。

④Author：ASCE 对作者姓名的输入格式没有严格的要求，可以是姓前名后，也可以是名在前、姓在后；作者的名可以是全拼，也可以是缩写。如"J Smith"、"Smith，J"、"John Smith"、"Smith，John"等。

⑤Figure Captions：图标题。将在论文的图标题中进行检索。

⑥Table Captions：表标题。将在论文的表标题中进行检索。

⑦Conference Title：会议名称。可以直接浏览会议名称索引。

⑧Proceedings Title：会议论文集标题。

（3）检索范围限定

高级检索除了多种检索途径的逻辑组配精确检索之外，还可通过限定时间和具体期刊、卷、期，更进一步缩小检索范围。

①Publications：出版商。如果用户知道所要查找信息的文献来源出版商，可通过点击"Publications"右边的黄色箭头查看出版商浏览索引，然后选择特定的出版商。

②Volume-Issue Range：选择查找信息的卷、期的范围。点击"Volume-Issue Range"右边的黄色箭头展开卷、期的起止输入框，在输入框中输入需要的卷、期的范围。

③Publication Date Range：文献出版时间段。用户可根据需要选择相应的时间段。

ASCE Library 检索平台的高级检索页面还可进行检索结果的排序，默认为"Most Recent"（按时间倒序排序，即最后出版的排在最前面），此外还可选择"Oldest"（按时间顺序排序）、"Relevance"（相关度排序）；每页显示的记录数有 10、25、50 条三种选择，系统默认 25 条。

3. 浏览

ASCE Library 检索平台的浏览功能提供了 Journals（期刊）、Proceedings（会议论文集）、EJCDC Contract Documents（美国工程师委员会契约文件）3 种浏览方式。

（1）Journals（期刊论文）

点击 Journals 下方的下拉箭头选择一个期刊名称（图 5-4），如选择"Journal of Bridge Engineering"系统则会链接到该期刊的浏览页面（图 5-5）。在期刊浏览页面提供了按编辑部浏览、按文章列表浏览（按时间倒序排列）、按目次浏览以及论文检索等功能。点击这些功能按钮进入相应的浏览页面。

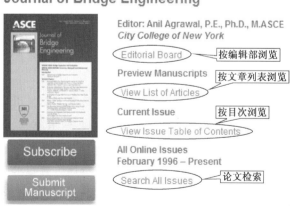

---Please Make A Selection---
International Journal of Geomechanics
Journal of Aerospace Engineering
Journal of Architectural Engineering
Journal of Bridge Engineering
Journal of Cold Regions Engineering
Journal of Composites for Construction
Journal of Computing in Civil Engineering
Journal of Construction Engineering & Management
Journal of Energy Engineering
Journal of Engineering Mechanics
Journal of Environmental Engineering
Journal of Geotechnical & Geoenvironmental Engineering
Journal of Hazardous, Toxic, & Radioactive Waste
Journal of Hydraulic Engineering
Journal of Hydrologic Engineering
Journal of Infrastructure Systems
Journal of Irrigation & Drainage Engineering

图 5-4　Journals（期刊浏览）选择项页面　　　图 5-5　Journals（期刊浏览）页面

（2）Proceedings（会议论文集）

Proceedings（会议论文）浏览提供了四种浏览途径：Browse by Proceedings Title（按会议论文集浏览）、Browse by Conference Year（按会议召开的时间浏览）、Browse by Interest（按感兴趣的会议论文集浏览）以及 Browse by Conference Title（按会议的名称浏览）。用户根据已掌握的会议信息选择相应的浏览途径。

（3）EJCDC Contract Documents（美国工程师委员会合同文件）

EJCDC Contract Documents 浏览途径的选择项有 Contract Document Collections（合同文档集）、Construction（施工）、Owner & Engineer（业主和工程师）、Design/Build（设计／建造）、Engineer & Subconsultant（工程师和分包）、Environmental Remediation（环境整治）、Funding Agency Editions（资助机构的版本）、Joint Venture，Peer Review & Other（合资、同行评议及其他）、Agreements（协议）、Procurement（采购）。点击感兴趣的浏览选择项进入相应的浏览页面。

三、检索结果及处理

1. 检索结果显示

ASCE Library 检索平台的快速检索和高级检索的检索结果显示页面是相同的（图 5-6）。用户在点击了"GO"或"Search"按钮后出现系统默认的题录检索结果浏览页面，在题录页面还可进行新的检索、二次检索、选择检索结果排序方式、每页显示的记录数、标记记录、查看文章的摘要等。

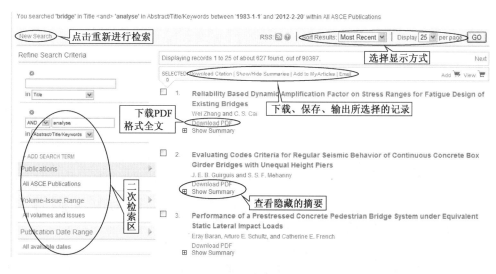

图 5-6　检索结果题录显示页面

在检索结果题录页面，点击作者可以查看其在 ASCE 出版物上发表的其他文章；点击文章题名查看文献详细记录（图 5-7）。文献细览页列出了文章的题名、作者、作者单位、出版物名称、出版时间、摘要、关键词等信息，此外提供了多种个性化服务和 PDF 格式全文下载连接。

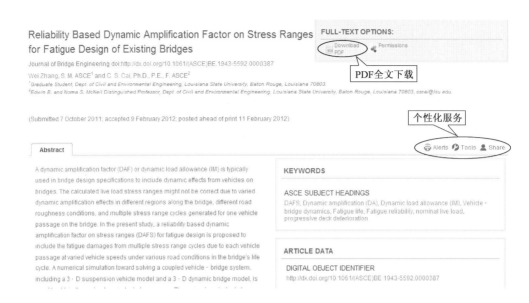

图 5-7　文献细览页

2. 保存、打印检索结果及获取全文

在检索结果显示页面上，点击需要下载或保存记录前的选择框，然后点击"E-mail"或"Download Citation"，即可发送或下载所选中的记录。如需下载全文，则在检索结果题录页面或某一文献细览页面点击"Download PDF"按钮进行全文下载。

第二节　美国机械工程师协会(ASME)检索平台

一、平台简介

美国机械工程师学会（American Society of Mechanical Engineers，简称 ASME）成立于 1880 年，是世界上最大的技术出版机构之一。ASME 主要从事发展机械工程及其有关领域的科学技术，鼓励基础研究，促进学术交流，发展与其他工程学会、协会的合作，开展标准化活动，制定机械规范和标准。每年召开约 30 次大型技术研讨会议，并举办 200 个专业发展课程，制定众多的工业和制造业行业标准。现在 ASME 拥有工业和制造行业的 600 项标准和规范，这些标准在全球 90 多个国家被采用。

ASME 出版物包括 25 种专业期刊（从 1990 年至今）、会议录（从 2002 年至今）、图书（从 1999 年至今）、新闻快报等。由于工程领域各学科间交叉性不断增长，ASME 出版物也相应提供了跨学科前沿科技的信息，涵盖的学科包括以下三个方面。

①基础工程：能量转换、能量资源、环境和运输、一般工程学、材料和结构。

②制造：材料储运工程、设备工程和维护、加工产业、制造工程学、纺织工程学。

③系统和设计：计算机在工程中的应用、设计工程学、动力系统和控制、电气和电子封装、流体动力系统和技术、信息存储和处理系统。

目前,ASME 推出了检索平台(ASME Digital Library)提供其所有出版物的电子访问服务,免费提供邮件推送目录。同时,还可通过 AIP(美国物理联合会)Scitation 平台(scitation.aip.org)检索到 ASME 的 25 种期刊全文。平台访问地址：http://www.asmedl.org。

二、检索方法

ASME Digital Library 检索平台提供了快速检索、高级检索和浏览 3 种检索方式。

1. 快速检索

登录 ASME 检索平台主页面(图 5-8),在 SEARCH 区域系统默认的检索方式为快速检索(图 5-9),在检索输入框中输入任意检索词,点击"GO"按钮,系统将在所有电子期刊论文中进行检索。

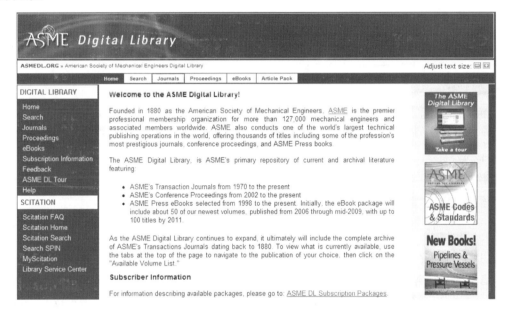

图 5-8　ASME 检索平台主页面

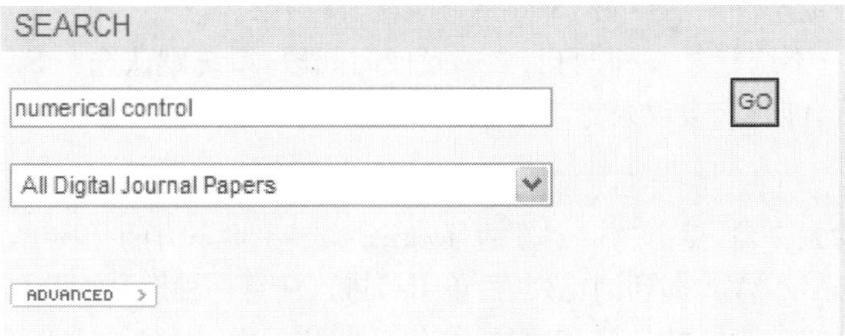

图 5-9　快速检索页面

2. 高级检索

在 ASME 检索平台主页面的 SEARCH 区域点击"ADVANCED"按钮进入高级检索页面(图 5-10)。在高级检索页面,用户可在提供的 3 个检索框内输入检索词,然后利用逻辑运算符进行组配。ASME 检索平台的检索规则同 ASCE，在此不多做介绍。

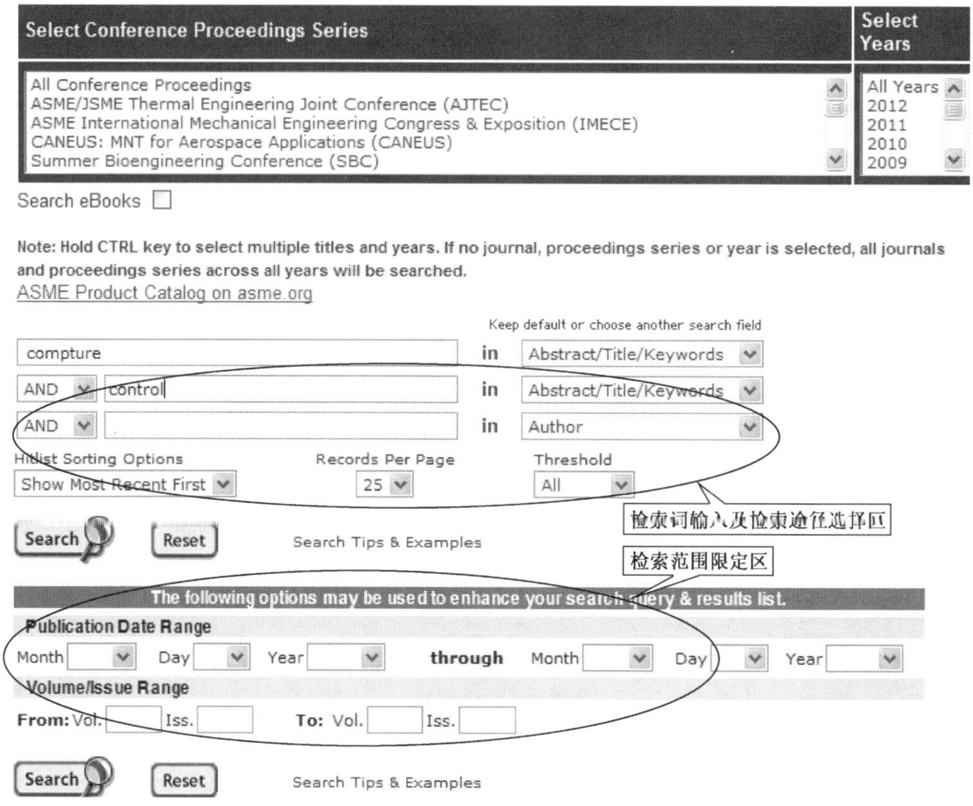

图 5-10　高级检索页面

ASME 提供了多种检索途径：可选择在标题、摘要、作者、关键词、全文、参考文献、章节名、作者所属单位等字段中检索；还可限定在不同期刊、会议录、年份中检索。选择所要检索信息的时间段和要查找的卷、期范围；设置检索结果排序方式（按时间倒序排列、按时间顺序排列、按相度排列）和每页显示的记录条数（5、10、25、50）。用户在确定了检索途径、输入检索词和选择好各项限定条件之后点击"Search"查看检索结果。

注意，如果用户不选择某一种期刊、会议录或时间段，系统默认选中 Search All Digital Library 选项，即在所有期刊、会议录论文中检索。

3. 浏览

登录 ASME 检索平台，点击主页上方的"Journals"或主页下方的"BROWSE"浏览区的"Journals"下拉选择框查看 ASME 期刊浏览列表，单击可进入任意一种期刊浏览页面（图 5-11）。

期刊浏览主页的右边区域是期刊信息栏，包括期刊封面、主编、出版频率、ISSN（国际标准期刊号）和 CODEN（期刊代码）；中间部分是期刊内容简介、最新一期内容和所有过刊内容的浏览和检索区域。左边 JOURNAL INFO 区域还可详细查看期刊的其他信息，如投稿等。

ASME 每种期刊都提供每月下载排名前十位的文章链接。点击"Current Issue"中的"View Issue Table of Contents"，可进入该期刊最新一期的内容目录页面；点击"All Online Issues"中的"Available Volume List"，可浏览这本期刊所有过刊资源。

图 5-11　ASME 期刊浏览页面

三、检索结果及处理

1. 检索结果显示

在点击"GO"或"Search"按钮后出现系统默认的题录检索结果浏览页面(图 5-12),页面顶部显示用于检索结果的检索语句,包括所选的时间跨度和所选的任何数据限制项(例如文献类型和语种)。如果要过滤或减少"检索结果"页面上的记录,还可进行二次检索,在"refine your search"二次检索区域的文本框中输入检索词,选择 AND、NOT 或 NEAR/5 将新的检索条件与之前的检索式组配,然后单击"REFINE"进行检索。

在检索结果页面用户还可以对检索结果重新排序,有"Show Most Recent Fist"(按时间倒序排列)、"Show Earliest Fist"(按时间顺序排列)、"Journal/Conf. Proceeding title"(按期刊或会议录名称排列)和"Relevance Order"(按相关度排列)4 个选项。

每条题录包含了文章的题名、作者、出版物名称、出版时间等信息。点击某一作者,则可看到该作者发表在 ASME 期刊和会议录中的所有论文列表;点击文章题名则可进入文献细览页面查看文献的详细记录(图 5-13)。

在文章的摘要页面,ABSTRACT(摘要)和 REFERENCES(参考文献)是以选项卡的形式出现。摘要下面可看见论文的 DOI 号(数字对象唯一标识符)。右边区域可点击查看 full text options(全文选项)、KEYWORDS and PACS(物理天文分类体系代码)和 PUBLICATION DATA(出版数据)三类信息。可将此文献添加到 4 个社会网站,方便管理文献;或点击 BLOG THIS ARTICE,将此文添加到博客上和别人分享;还可获取三种格式的全文。

在文献细览页用户可以进行多个知识节点的链接(点击页面上的蓝色字体即可链接到相应的知识点页面)。

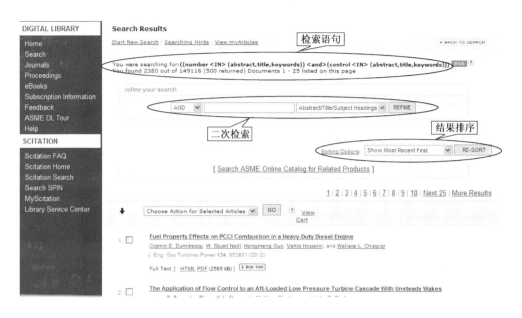

图 5-12　ASME 检索结果页面

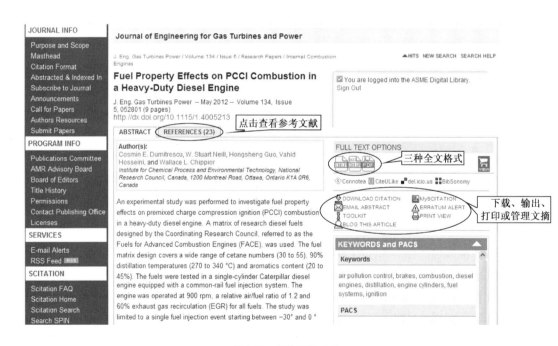

图 5-13　文献细览页面

2. 保存、打印检索结果及获取全文

在检索结果的题录页面和文献细览页面均提供了记录的保存方式。在检索结果的题录页面选中要添加到标记结果列表的各条记录的复选框，然后点击"Choose Action for Selected Articles"下拉框（图 5-14），系统给出了三种处理标记记录的方式：Add to（添加）、Download

Citation(s) in(下载题录)和 View Citation(s) in(查看题录)。下载或查看被选记录时有 BibTeX、EndNote®(generic)、End-Note®(RIS)、Medline、Plain Text 和 Refworks 6 种格式供用户选择。

在文献细览页,选择"DOWNLOAD CITATION"(下载题录)、"EMAIL ABSTRACT"(将文摘发送到邮箱)或"PRINT VIEW"(打印查看页面)等方式保存检索结果。

检索结果的题录页面或文献细览页均提供了全文下载链接,用户可点击 HTML 或 PDF 全文格式按钮浏览或下载全文。

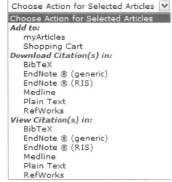

图 5-14　已选记录的处理方式

第三节　IEEE CS 数字图书馆检索平台

一、平台简介

IEEE 计算机学会(简称 IEEE CS)是世界上最早和最大的计算机专业人士的学会,成立于 1946 年,拥有会员近 10 万人,是 IEEE(美国电气电子工程师协会)下 39 个专业学会中最大的一家,也是计算机界影响最大的两个群众性学术团体之一。

IEEE CS 致力于发展计算机和信息处理技术的理论、实践和应用。通过其会议、应用类和研究类的期刊、远程教育、技术委员会和标准制定工作组,学会在它的成员中间不断推动活跃的信息、思想交流和技术创新,是全球计算机专业人士的技术信息和服务的顶尖提供者。内容涵盖了电气电子、航空航天、计算机、通信工程、生物医学工程、机器人自动化、半导体、纳米技术、电力等多种技术领域。

IEEE CS 数字图书馆(IEEE Computer Society Digital Library)的全文数据库包括:27 种计算机核心刊物、1 种快报;800 多个会议、超过 2 700 卷会议录;超过 30 万篇专业文章和论文;提供全部文本、图形图像、完整方程式及其他更多资料;电子文献可以在印刷品出版前阅读。

IEEE CS 的重要期刊:

Computer《IEEE 计算机杂志》,1988 年创刊,每年出版 12 期。刊载计算机硬件、软件与系统设计和应用方面的辅导性文章和综述,兼及新产品介绍、书评、新书和专业活动报道,涉及软硬件应用、超大规模集成电路设计、软件工程、局域网、计算机通信、体系结构和数据库等领域。

IEEE CS 的重要会报:

(1)IEEE Transactions on Computers《IEEE 计算会报》,1988 年创刊,每年出版 12 期。刊载计算机系统和数字网络的设计、算法分析,计算机及其系统性能的规定与测试,计算机部件设计,数字设备与系统设计,大规模集成电路在计算机上的应用以及计算机技术在自动控制、通信及其他学科中的应用方面的研究论文。

(2)IEEE Transactions on Pattern Analysis & Machine Intelligence《IEEE 图样分析与机器智能会报》,1992 年创刊,每年出版 12 期。刊载内容包含所有计算机传统领域的视觉和

图像范畴，所有传统领域内的图样分析和有针对性的领域内的机器智能等方面的研究成果。

（3）IEEE Transactions on Software Engineering《IEEE 软件工程会报》，1988 年创刊，每年出版 6 期。刊载计算机软件的规范说明、开发管理、测试、维护和文件编制方面的研究论文。

二、检索方法

登录 IEEE CS 数字图书馆检索平台主页面（图 5-15），系统提供快速检索（Quick Search）、高级检索（Advanced Search）和通过出版物类型（杂志或快报）浏览 IEEE CS 的内容 3 种检索方式，系统默认为快速检索。

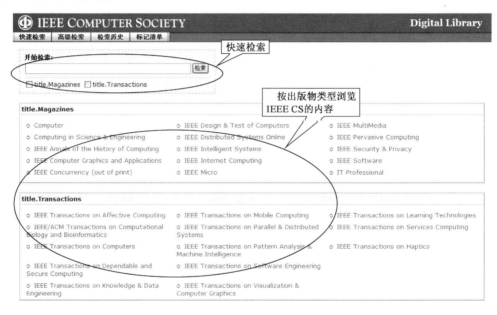

图 5-15　IEEE CS 检索主页面

1. 快速检索

在快速检索页面（图 5-16），用户直接在文本框中输入检索词，系统将会在记录的所有字段中进行检索，选择在"title. Magazines"（杂志）或"title. Transactions"（会报）范围内检索，然后点击"检索"按钮即查看检索结果。

图 5-16　快速检索页面

2. 高级检索

在 IEEE CS 数字图书馆检索平台主页面点击"高级检索"进入高级检索页面（图 5-17）。

高级检索提供了多种检索途径：全文、篇名、作者、出版商、刊名、摘要、主题词、ISBN／ISSN 号等；多个检索文本框用逻辑运算符 AND、OR、NOT 进行组配；在"Text All Type"下

图 5-17 高级检索页面

拉框中选择所要检索信息的类型（所有类型、杂志或快报）。此外，在高级检索页面用户还可选择检索结果显示的内容（摘要内容或全文资料）、对作者姓名检索、限定检索年代等。

3. 浏览

在 IEEE CS 数字图书馆检索平台主页面或高级检索页面均可按出版物类型浏览 IEEE CS 的内容，点击某一杂志或快报的名称链接到浏览页面（图 5-18），选择具体的出版年、卷、期，则可看到该期的全部目次（图 5-19）。在目次页可以查看文章的详细出版信息或全文内容。

IEEE Computer Society (Computation)
Computing in Science and Engineering

field.Year 2011
卷次 13
> field.Number 6, November
> field.Number 5, September
> field.Number 4, July
> field.Number 3, May
> field.Number 2, March
> field.Number 1, January

field.Year 2010
卷次 12
> field.Number 6, November
> field.Number 5, September
> field.Number 4, July
> field.Number 3, May
> field.Number 2, March
> field.Number 1, January

图 5-18 出版物浏览页面

三、检索结果及处理

1. 检索结果显示

用户在检索页面点击了"检索"按钮后，出现系统默认的检索结果题录页面（图 5-20）。页面左边为二次检索区和记录标记及处理区；页面右边为检索结果题录显示区。每条记录包括

IEEE Computer Society

Computing in Science and Engineering

ISSN: 1521-9615　　**field.Year:** 2011　　**卷次:** 13　　**field.Number:** 3　　**field.Date:** May 2011

目次

1　Beyond CiSE and Back to the Future
George K. Thiruvathukal

　📄 包含摘要　📄 包含全文

2　Scientific Image Processing
Aura Conci, Angel Sanchez

　📄 包含摘要　📄 包含全文

点击题名查看文章的具体信息

3　Improving Face Recognition Performance Using RBPCA MaxLike and Information Fusion
Denis Salvadeo, Nelson Mascarenhas, Jander Moreira, Alexandre Levada, Debora Correa

　📄 包含摘要　📄 包含全文

查看摘要或全文

4　Automatic Lip-Contour Extraction and Mouth-Structure Segmentation in Images
juan Gomez Mendoza, flavio Prieto, herve redarce

　📄 包含摘要　📄 包含全文

图 5-19　刊物目次页面

了文章的题名，作者，出版物名称，出版的年、卷、期等信息，📄📄两个标识可以查看某一文章的摘要信息或全文内容。点击文章题名进入文献细览页面(图 5-21)。

图 5-20　检索结果题录页面

　　IEEE CS 数字图书馆检索平台文献细览页面与检索结果题录页面相似，左边为二次检索区和记录处理区，右边区域显示文献的详细记录，可以查看文摘、全文链接、分类、参考文献、出版社等详细信息。点击页面上绿色字体可以链接到相应的知识点页面。

2. 保存、打印检索结果及获取全文

　　点击题录页面文献题名前的白色方框，选择要保存的题录；或点击左边记录处理区的"全部选取"选择显示页面上的全部记录。选择结束后，在"寄送查询结果"右边的方框中输入 E-mail 地址，点击"确认"将记录结果发送到用户指定的邮箱，点击"储存记录"或"列印"将标记

图 5-21　文献细览页面

的记录储存或直接打印；还可对已标记的记录进行标记、移除和清空等管理。

在题录页面和文献细览页面均提供了获取全文的链接，在题录页面或文献细览页面点击 📖 图标或 📄 开启全文. 即可在线浏览或保存 PDF 格式全文。

第四节　美国化学学会(ACS)全文检索平台

一、平台简介

美国化学学会(American Chemical Society,简称 ACS)成立于 1876 年,现已成为世界上最大的科技学会,会员数超过 154 000 人。多年以来,ACS 一直致力于为全球化学研究机构、企业及个人提供高品质的文献资讯及服务。秉持着服务大众、提升学者的专业素养、追求卓越的理念,ACS 在科学、教育、政策等领域提供了多方位的专业支持,成为享誉全球的科技出版机构。目前,ACS 出版期刊 41 种,涵盖有机化学、分析化学、应用化学、材料学、分子生物化学、环境科学、药物化学、农业学、材料学和食品科学等 24 个学科领域,被 ISI 的 Journal Citation Report (JCR)评为"化学领域中被引用次数最多的期刊"。

ACS 期刊全文检索平台包含每一种期刊的创刊号到最新一期的所有全文内容,并且 ACS 网络版用户可以在正式纸本期刊出版以前查看到最新文章;HTML 全文可直接在文章引用处查看参考文献;PDF 全文提供参考文献的外部链接和图表单独浏览功能。ACS 期刊全文检索平台还具有丰富的个性化功能:最新文献出版的电子邮件提醒、RSS 新闻组订阅、保存文章和检索式以及系统自动推荐用户可能感兴趣的文章。

二、检索方法

登录 ACS 期刊全文检索平台主页面(图 5-22),系统提供简单检索(Search)、高级检索(Advanced Search)和通过期刊浏览 ACS 的内容 3 种检索方式。

图 5-22　ACS 检索平台主页面

1. 简单检索

登录检索平台后,系统默认为简单检索。简单检索有以下 4 种检索方法。

(1)Search(简单检索)(图 5-23)

输入检索词并选择检索途径进行快速检索。系统提供了 4 种检索途径:Anywhere(任意字段)、Title(题名)、Author(作者)、Abstract(摘要)。

(2)Citation(题录检索)

选择、输入文章所在的期刊和卷号、页码等快速找到某篇文章。

(3)DOI(数字对象唯一标识符检索)

输入某篇文章的 DOI 快速找到这篇文章。

(4)Subject Search(主题检索)

选择某一学科主题快速查找文献。

图 5-23　简单检索页面

2. 高级检索

点击简单检索右边的"Advanced Search"进入高级检索页面(图 5-24)。高级检索页面提供了全文、标题、摘要、作者、图/表名称 5 种检索途径和检索词输入框。在一个或多个检索词输入框中输入检索词,多个文本输入框之间的逻辑关系为"与"(AND)(除作者检索之外)。逆择"Enable stemming(include root terms)"复选框可以进行词干检索。

ACS 检索技巧：

（1）布尔逻辑运算符

"AND"、"OR"、" NOT"定义词或词组之间的逻辑"与""或""非"的关系。

（2）作者检索

多位作者姓名之间用 AND 或 OR 连接。如果用 AND 连接，则系统检索出多位作者合作撰写的文献；如果用 OR 连接，则检索出所有包含每位作者姓名的文献。

（3）词组检索算符" "

系统中使用英文双引号作为词组检索算符，在检索时将英文双引号内的几个词当作一个词组来看待。

（4）截词符

无限截词符用＊，表示取代单词中的任意个(0,1,2,…)字母；有限截词符用?，使用几个?，就代表在此位置上最多允许有几个字母发生变化。两种通配符可以同时使用。

注意以下两种情况不能使用截词符：

①不能用在检索词的起始位置，即不能进行词头截词。

②不能在有词组检索算符的词组中使用截词符，即引号内的词组不能使用截词符。

（5）词干检索

采用词干检索功能可以扩大检索，如输入"nano"将会检索出"nanoscience"、"nanoscale"等 。

（6）在特定期刊中精确检索

如果要在某一特定的期刊中进行检索，则点击"Modify Selection"按钮，在列出的 ACS 所有出版物刊名中选择期刊名，点击"Update"确认选择。

用户在高级检索页面还可以对检索文献的类型和时间范围进行限定(图 5-25)。

3. 浏览

用户在 ACS 期刊全文检索平台可以按名称和学科主题两种方式浏览 ACS 期刊的所有期刊内容(图 5-26,图 5-27)。

通过点击期刊名称或某一学科的期刊进入期刊浏览主页面(图 5-28)。在期刊浏览主页面显示了该期刊的出版信息、ASAP 文章、最新一期目次、被阅读最多的 20 篇文章以及被引用最多的 20 篇文章。在 ASAP 文章题录列表区包含了文章的题名、作者、出版时间、文摘和各种格式的全文链接等信息。用户还可以对题录进行选择、下载保存或查看摘要等。

三、检索结果及处理

1. 检索结果显示

用户在检索页面点击了"Search"按钮后，出现 ACS 期刊全文检索平台默认的结果题录浏览页面(图 5-29)。在检索结果题录浏览页面左栏为检索结果分类，用户可以根据期刊、文章类型、作者、出版时间对检索结果进行筛选。检索结果页面右栏为题录列表区，用户可以重新选择检索结果的排序方式，系统提供了相关度、出版日期、文献类型、出版物名称以及第一作者姓名 5 种排序方式,默认为按相关度进行排序。

图 5-24　高级检索页面

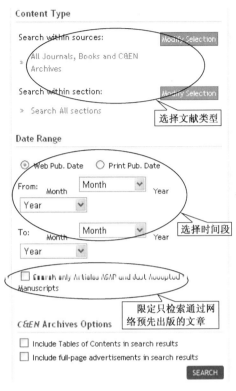

图 5-25　高级检索范围限定

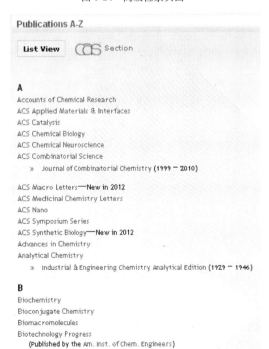

图 5-26　名称浏览

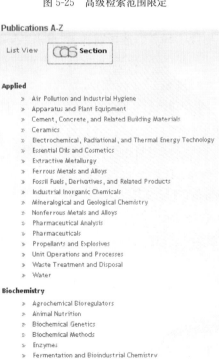

图 5-27　学科主题浏览

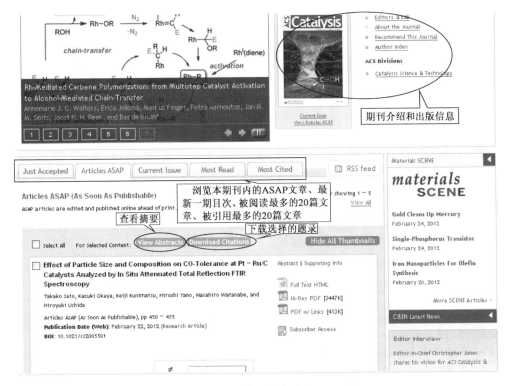

图 5-28　期刊浏览页面

图 5-29　检索结果题录页面

　　题录部分包含了文献的题名、作者、刊名、卷期、出版时期、DOI 号等信息，每条题录右边的"Abstract/Supporting info"区提供了查看该题录的文摘、线上补充信息及下载 3 种格式的全文链接。如果想要查看某一文献的详细信息则点击题名进入文献细览页面（图 5-30）。

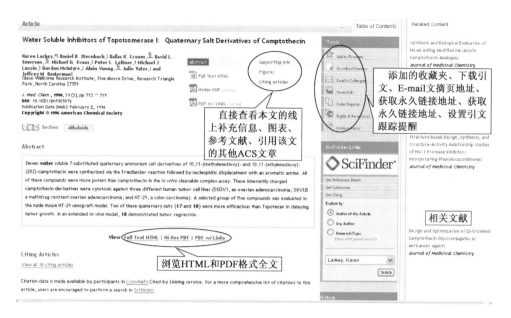

图 5-30　文献细览页面

文献细览页面左栏提供了文献的题名、刊名、出版社、ISSN 号、卷期、DOI 号、页、学科分类、作者、作者单位和文摘等详细信息；提供了浏览和下载全文文献格式链接；同时还提供了直接查看本文的线上补充信息、图表、参考文献、引用该文的其他 ACS 文章的链接。中间栏为工具栏和个性化服务栏，利用这些工具和服务项用户可以将检索结果添加到收藏夹、下载引文、E-mail 文摘页地址、获取永久链接地址、设置引文跟踪提醒等。右栏为该文献的相关文献列表，提供相关文献的题名和出版物名称，点击相关文献题名可查看详细信息。

2. 保存、打印检索结果及获取全文

在检索结果题录页面点击"Select All"按钮或选择题录前的复选框对检索结果进行标记。点击"Download Citation"下载标记过的记录，在题录下载页面（图 5-31）选择要保存的格式，点击"Download Citation(s)"确认下载。

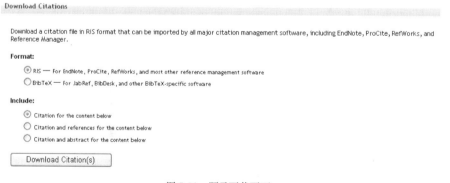

图 5-31　题录下载页面

在检索结果的题录页面或文献细览页面均提供了全文下载链接，用户可点击"Full Text HTML"、"Hi-Res PDF"、"PDF w/Links"浏览或下载 HTML 或 PDF 格式全文。

第六章　网络信息资源与搜索引擎

第一节　网络信息资源概述

一、网络信息资源及其特点

1. 网络信息资源的概念

网络信息资源是电子信息资源的一种类型,它是以数字化形式存储并借助计算机与网络通信设备收集、生产、传递的信息资源。在网络信息系统中,构成信息内容的网络信息资源是核心资源,是网络传播的主要形式,是网络用户上网搜索的主要对象。由于网络信息资源的开发与利用是以人力资源、技术资源、资金资源、资本资源的开发和利用为基础和条件,因此,一般我们所描述的网络信息资源常常包括了这些支撑性的资源。

2. 网络信息资源的特点

网络信息资源的产生、传播是通过互联网来实现的,它具有以下特点:

(1)以网络为信息载体,传播方式具有多样性、交互性

互联网具有传播信息形态多样、迅速方便、全球覆盖、自由交互的特点,打破了时空的限制,形成了以传播信息为中心的跨国界、跨文化、跨语言的全新传播方式,它不断地更新着人们的观念,丰富着人们获取信息的手段,影响着人们的生活。

(2)数量巨大、增长迅速

互联网每天发布大量新的信息,信息更新速度快。

(3)信息共享度高

网络信息资源的存储形式及数据结构具有通用性、开放性和标准化的特点,在网络环境下,时间和空间范围得到了最大限度的延伸和扩展。一条信息资源上网后,不仅可以及时地提供给本地用户,而且可以发散到全球各个角落,用户不需排队等候就可以共享同一份信息资源。

(4)使用成本低

网络信息资源绝大部分可以免费使用,用户所需支付的主要是网络费用。低费用的网络信息资源有效地刺激了用户的信息需要,从信息需要的角度也拉动了网络信息资源的有效、合理的配置。

(5)动态性强、缺乏管理

互联网的信息地址、链接、内容处于经常性的变化之中,信息的发布有很大的自由度和随意性,缺乏必要的过滤、质量控制和管理控制,信息资源良莠不齐。

二、获取方法

网络信息资源由于具有以上特点,它对于科研人员也具有举足轻重的作用,在互联网上有非常丰富的学术信息,是商业电子资源之外的重要信息源。对于不同的信息需求,在检索网络信息时有不同的方向性。如果要查找有关学术方面的知识,应尽可能利用网络上的一些学术信息集合,这些信息很多是经过专业人员整理或信息本身就是由专家或权威机构发布的,并且是有序的。不过,网络免费学术资源的数量毕竟有限,一些以个人名义发布的信息对于科研工作也会有参考价值,此时可以利用一种网络工具——搜索引擎,在巨大的网络信息集合中去补充查找有用的信息。

1. 网络免费学术资源

网络免费学术资源是最容易获得的一类学术信息,只要电脑能够接入互联网,这些资源就可以为大家所用。

(1)虚拟图书馆

所谓虚拟图书馆实质上是一种 Internet 利用工具,它是针对某一个学科或领域的研究者的需要,将互联网上与这个学科或领域有关的各种资源线索,包括与该学科或领域有关的研究机构、实验室、电子书籍、学术期刊、会议论坛、专家学者等的 URLs(即统一资源地址,包括Http、Gopher、Ftp、Usenet 等),也就是通常所说的网站的网址,系统地组织起来,存放在某一个网站内,供大家浏览或者检索。

在访问某一学科的虚拟图书馆的网页时,通过单击相关的网页链接就可以浏览到大量相关资料。由于虚拟图书馆汇集了大量丰富、原本零散的网络信息,因此其功能就像一个图书馆一样。但这个"图书馆"存在于网络,没有实地的场所和馆藏,因而是虚拟的,这是最初称它为虚拟图书馆的原因。

这类虚拟图书馆最大的好处是访问一次就可以同时获得很多资源,省去了在网上查找资源链接的过程;另外,这些资源是经过专门整理与挑选、分门别类的组织在一起,非常便于查找。如"重点学科网络资源导航门户"(图 6-1)(http://navigation. calis. edu. cn/cm/)是国家"211 工程"中国高等教育文献保障系统(CALIS)"十五"重点建设项目之一。在这个门户中,所有资源的收集都是由高校图书馆的老师来完成的,收集到的资源是按照教育部正式颁布的学科分类作为资源分类的基础。这个门户为我们提供了一个重要学术网站的导航和免费学术资源的导航。

使用这个门户时,最直接的就是先把要查找的资源用几个关键概念表达出来,然后在首页的检索框中输入确定的关键词,单击"检索"查看结果。注意:因为在描述一个网站或网页资源时,通常是概括性的描述网站或网页的主要内容,所以若要查找一个涵盖范围比较广的资源,可以采用这种检索模式。如果要查找一些更加具体的信息,则可采用"学科浏览"的方式。由于网络信息资源是由人工进行分类的,这就无法避免因为个人理解的不同而带来的类别差异;另一方面由于很多研究都是跨学科的,很难简单地把某种信息资源绝对地划归到某个学科中,因此不建议大家直接使用学科分类检索。

(2)开放获取资源

开放获取(Open Access,简称 OA)资源大都是免费的。一般的网络开放获取资源的出版

图 6-1 重点学科网络资源导航门户主页

模式有 OA 期刊、OA 文档或仓储两种发布方式。

　　OA 期刊是近年来出现的一种期刊出版形式,其特点是出版费用主要由论文作者支付,读者可以免费使用。由于 OA 期刊的稿件大多是同行评审,因此不同于一般的免费期刊,它的质量有保证、利用价值较高。国外目前大多数 OA 资源的获取只需网络具备访问国外资源的权限即可,国内的 OA 资源用户只需接入互联网就可以免费使用。常用的开放获取资源如下:

　　①arXiv. org(http://arxiv. org)。专门收集物理、数学、计算机科学和生物学学术论文电子预印本的开放访问典藏资源。

　　②CiteSeer(http://citeseer. ist. psu. edu)。一个自主开发的关于计算机、信息科学学术论文和预印论文引文索引。

　　③PubMed(http://www. biomedcentral. com)。收集了大量生命科学领域免费电子期刊。

　　④HighWire Press(http://intl. highwire. org)。收录的期刊涵盖生命科学、医学、物理学和社会科学等学科。

　　⑤Directory of Open Access Journals(DOAJ,http://www. doaj. org)。免费提供篇目检索和部分自然科学、人文科学及社会科学期刊的全文检索。该项服务涵盖了免费的、可获取全文的、高质量的科学和学术期刊。

　　⑥科学公共图书馆(http://www. plos. org)。致力于使全球范围的科技和医学领域文献成为可以免费获取的公共资源。2003 年 10 月创刊的 Plos Biology 和 2004 年创刊的 Plos Medline,对所有在线读者免费。

　　⑦中国预印本服务系统(http://www. nstl. gov. cn)。由国内预印本服务子系统和国外预印本门户(SINDAP)子系统构成。国内预印本服务子系统分为自然科学、工业、农业、医药、情报学 5 大类。

⑧奇迹文库(http://www.oalib.com)。主要收录中文原创科研文章、综述、学位论文、讲义及专著(或其章节)的预印本,同时也收录作者以英文或其他语言写作的资料。目前学科范围主要包括物理学、数学、力学、计算机科学、材料科学、化学化工、信号处理、生命科学等。

⑨中国科技论文在线(http://www.paper.edu.cn)。是经教育部批准,由教育部科技发展中心主办。中国科技论文在线利用现代信息技术手段,打破传统出版物的概念,免去传统的评审、修改、编辑、印刷等程序,给科研人员提供一个方便、快捷的交流平台,提供及时发表成果和新观点的有效渠道,从而使新成果得到及时推广,科研创新思想得到及时交流。

每一个网站提供的资源涵盖的学科领域均有所不同,因此,在查找信息时应先了解每一个提供开放获取资源的网站都侧重于哪些学科领域,做到有的放矢。另外,由于网络信息的飞速发展,会有越来越多的好的开放获取资源供我们利用,在平时的网络使用过程中细心留意,并将新发现的这类资源扩充到自己的资源列表中。

(3)免费专利资源

世界上有90%~95%的最新技术资料首先反映在专利文献中。通过对专利文献的检索,可以了解和探索一个领域的发展历史、现状和未来趋势,对企业家、学者和发明人来说都具有很高的参考价值。

专利文献中包含非常重要的科技、经济和法律信息,各行各业对专利信息的需求非常普遍。但是商业性的专利检索系统,如 Derwent 专利数据库的检索价格非常昂贵,尽管相对来说商业性专利数据库收录范围广、检索功能强大,但对于普通用户来说费用太高。因此,用户可以利用一些网络免费的专利信息库,尽管这些免费专利信息资源的数据库其收录范围和检索功能不如商业性的专利数据库,但也能满足我们一般的检索需求。此外,大多数免费专利数据库提供的检索界面都非常简单,不需要进行专业的培训就可以自行检索。免费专利检索系统有以下几个:

①中国国家知识产权局(http://www.sipo.gov.cn/sipo/zljs/default.htm)。提供全部中国专利的题录、文摘、说明书全文和法律状态信息。数据库每周更新,完全免费下载。

②欧洲专利局(http://gb.espacenet.com)。提供 EPO 各成员国数据库、EP-espacenet数据库、PCT 数据库、世界范围专利数据库(Worldwide)、JP 专利摘要数据库(Patent Abstract of Japan)。

③美国专利商标局(http://www.uspto.gov/patft/index.html)。提供美国授权专利、专利申请公布、基因序列专利、专利公报、美国专利分类表及其专利法律状态数据库检索服务等。

④日本专利局(http://www.jpo.go.jp)。英文版日本专利局工业产权数字图书馆主页上的数据库主要有专利与实用新型公报数据库、专利与实用新型对照索引、FI/F-term 分类检索、日本专利英文文摘(PAJ)等。

2. 利用搜索引擎

由于网络信息非常庞大,并且每天还不断有新的信息产生,尽管我们手头会有一些免费资源的地址,但毕竟有限,因此常会陷入漫无边际的浏览。如何在网上快速找到有用的信息就成为一个关键的问题。世界上许多公司为了方便人们从网上查找信息,建立了专用查询网站供人们使用。由于它们提供的查询全面、快捷,因此,人们把这些网站称为搜索引擎。

搜索引擎也被称为《蜘蛛》或者《爬虫》,那是因为它们会派出一个机器人到各个网站上去搜索特定的内容。当用户在休息的时候,它们正在网络上奔忙,将自己找回来的内容编成索引,好让用户在用关键字检索时,能够很快查到相应结果,并呈现在用户的面前。目前互联网信息检索工具主要是指搜索引擎。

第二节　搜索引擎及检索技巧

搜索引擎是指通过网络搜索软件或网络登录等方式,将互联网大量网站的页面收集到本地,经过加工处理而建库,从而能够对用户提出的各种查询作出响应,并为用户提供检索服务,起到信息导航的作用。搜索引擎提供的导航服务已经成为 Internet 上非常重要的网络服务,搜索引擎站点被誉为"网络门户",成为人们获取 Internet 信息资源的主要检索工具和手段,也几乎成了网络信息检索工具的代名词。

1. 搜索引擎的构成

一个搜索引擎由搜索器、索引器、检索器和用户接口 4 个部分组成。

（1）搜索器

搜索器的功能是在 Internet 上漫游、发现和搜集信息。它常常是一个计算机程序,日夜不停地运行。它要尽可能多、尽可能快地搜集各种类型的新信息,同时因为 Internet 上的信息更新很快,所以还要定期更新已经搜集过的旧信息,以免死链接和无效链接。

（2）索引器

索引器的功能是理解搜索器所搜索的信息,从中抽取出索引项,用于表示文档以及生成文档库的索引表。索引器可以使用集中式索引算法和分布式索引算法。当数据量很大时必须实现即时索引,否则就跟不上信息量急剧增加的速度。索引算法对索引器的性能(如大规模峰值查询时的响应速度)有很大的影响,一个搜索引擎的有效性在很大程度上取决于索引的质量。

（3）检索器

检索器的功能是根据用户的查询在索引库中快速检出文档,进行文档与查询的相关度评价,对将要输出的结果进行排序,并实现某种用户相关性反馈机制。

（4）用户接口

用户接口的功能是输入用户查询内容、显示查询结果、提供用户相关性反馈机制。主要的目的是方便用户使用搜索引擎,高效率、多方式地从搜索引擎中得到有效、及时的信息。用户接口的设计和实现使用人机交互的理论和方法,以充分适应人类的思维习惯。

搜索引擎一般都具备分类查询和关键词查询两种功能。分类查询是将搜索收集到的成千上万的网址、文件依据它们各自网页上的内容,动态分配到十几个大类和几百个小类中,用户可以在这个自然增长的信息范围之内直接查找。关键词查询是指用户在搜索框中输入关键词,计算机从信息中自动搜索,并把匹配的站点列表返回给用户。列表中包含一组指向各个站点的链接,通常安排最佳匹配站点在最前面。

2. 搜索引擎的类型

根据不同的原则,网络搜索引擎可划分为不同的类型。

（1）按检索机制划分

①主题型搜索引擎。主题型搜索引擎将不断收集到的网页及地址信息以数据库的形式组织存储。查询时用户向其提问框中输入关键词，搜索引擎便会从数据库中检索与之相匹配的相关记录，按一定的顺序返回给用户（图6-2）。

图6-2　主题型搜索引擎 Google 的页面

主题搜索引擎的优点是查询全面、充分、直接、方便，用户能够对每个网站的每篇文章中的每个词进行搜索，而且可以使用布尔逻辑检索、短语检索等高级功能。但主题搜索的缺点是提供的信息虽然多而全，但由于没有分类型搜索引擎那样清晰的层次结构，有时给人一种繁多而杂乱的感觉。

代表性的主题型搜索引擎是 Google(www. google. com)和百度(www. baidu. com)。

②分类与主题混合型搜索引擎。在搜索引擎的主页面既提供了检索窗口，又有分类浏览的目录（图6-3）。

图6-3　分类与主题混合型搜索引擎 Yahoo 的页面

分类浏览目录可以使用户清晰方便地查找到某一大类信息,这符合传统的信息查找方法,尤其适合那些希望了解某一范围内信息、并不严格限于查询关键字的用户。同时,用户也可在检索窗口的输入框中输入检索词进行检索。

代表性的目录式分类搜索引擎是 Yahoo(www. yahoo. com)、搜狐(www. sohu. com)、新浪(www. sina. com. cn)。

(2)按检索内容划分

①综合型搜索引擎。综合型搜索引擎在采集标引信息资源时不限制资源的主题范围和数据类型,又称为通用型检索工具。例如常见的 Google、新浪、搜狐、百度和网易等,这些搜索引擎海纳百科,信息种类繁多。

②专题型搜索引擎。专题型搜索引擎专门采集某一主题范围的信息资源,并用更为详细和专业的方法对信息资源进行标引描述。例如科技信息索引引擎 Scirus、重点学科导航系统、学科信息门户等。学科信息门户是指利用网络技术向用户提供某一学科领域各类网上资源和各种信息,提供对这一学科信息资源的"一站式"检索途径。重要学科信息门户网站如中国科学院国家科学数字图书馆(http://www. csdl. ac. cn)、CALIS 重点学科网络资源导航门户、ISI Highlycited. com(ISI,美国科技信息研究所)。

(3)按数据来源划分

按数据来源搜索引擎可以划分为单独型和集中型搜索引擎。

①单独型搜索引擎。单独型搜索引擎拥有独立的采集标引机制和独立的数据库,如搜狐、新浪等。

②集中型搜索引擎。集中型搜索引擎没有自己的数据库,它利用一个统一的界面,查询其他单独型搜索引擎的数据库,如"3721"、"2345"等网址导航。

3. 搜索引擎检索技巧

在浏览器地址栏内输入搜索引擎的地址,打开查询界面即可开始搜索。无论哪一种搜索引擎,其查询方法没有太大的区别,既可以从分类目录着手逐级查找,也可以输入检索词使用专门的查询功能。如果用户能熟练掌握一些搜索引擎的检索技巧,则会在网络信息资源查找过程中起到事半功倍的效果。下面介绍几点搜索引擎的检索技巧。

(1)在类别中搜索

许多搜索引擎都显示类别,如果单击其中的一个类别,然后再使用搜索引擎,则会缩短搜索所耗费的时间,并且能够避免大量无关的 Web 站点。

(2)使用具体的关键词

在输入检索词时,所提供的关键词概念越具体,则搜索引擎返回无关 Web 站点的可能性就越小。

(3)使用多个关键词

通过输入多个关键词来缩小搜索范围。一般而言,提供的关键词越多则搜索引擎返回的结果越精确。

(4)检索式的运算符号

如果想要得到最佳的搜索效果,就要使用搜索的基本语法来组织要搜索的条件。

①使用逻辑运算符号。搜索引擎基本上都支持"与"、"或"、"非"、括号或引号等运算符号，但不同的搜索引擎使用的运算符号不完全相同，常见的有 AND、OR、NOT 以及"＋"、"－"、"&"、"~"。

AND 在中文搜索引擎都可以用空格代替；NOT 有时可以用减号代替；OR 有时用"｜"表示，例如在百度搜索引擎的格式就是"关键词 A｜关键词 B"。

②使用位置算符。AltaVista 使用位置算符"NEAR/n"，n 是两个词之间的单词的数目，如："Microsoft NEAR/5 Internet"表示 Microsoft 和 Internet 这两个关键词之间的单词数目不得超过 5 个。如果不输入数字，表示两个词连在一起。为了控制连在一起的两个词之间的顺序，可以使用 ADJ(adjacent)位置算符，如"Microsoft ADJ Internet"表示 Microsoft 必须在 Internet 之前。

(5)使用字段限定

①intitle。限定网页标题，title 是网页的标题，如"intitle 兰州交通大学"表示检索兰州交通大学主页。

②site。限定在某类网站或某个网站内搜索。例如"论坛搜索引擎 site:sowang.com"，是在 sowang.com 这个网站内搜索"论坛搜索引擎"的网页。

③filetype。限定文件类型。网上存在大量非网页格式的资料，如 Word 文件、PDF 文件、PPT 文件等。格式为"关键词 filetype:文件格式后缀名"。如"个人年终总结 filetype:doc"搜索结果全都是 Word 文件的个人年终总结。

④inurl。限定域名，inurl 常见的使用方法是"关键词 inurl:英文字符"。例如，"搜索引擎 inurl:ssyq"，是检索在 URL 中含有 ssyq 的网页中关于"搜索引擎"的信息。

第三节　典型的搜索引擎

"工欲善其事，必先利其器"。Internet 只有一个，而搜索引擎则有多个，搜索最好的状态就是"在正确的地方，使用正确的工具和正确的方法，寻找正确的内容"。但对大多数人而言，掌握诸多搜索引擎的可能性不大，因此，熟练掌握几个相对强劲的具有代表性的检索工具来达到绝大多数搜索目的显得尤为重要。

一、Baidu(百度)

百度是全球最大的中文搜索引擎。用户可以通过百度主页(图 6-4)，在瞬间找到相关的搜索结果，这些结果来自百度超过 10 亿的中文网页数据库，并且这些网页的数量每天正以千万级的速度在增长。除网页搜索外，百度还提供 MP3、文档、地图、影视等多样化的搜索服务。

百度搜索非常简单、方便，只需在搜索框内输入需要查询的内容，按 Enter 键或"百度一下"按钮就可以得到符合查询需求的网页内容。搜索引擎的智能化，使得用户不需要经过专业培训就能够完成一次检索，但是要提高检索效率，还是需要掌握一些利用百度搜索引擎的使用方法和技巧，也就是在网上查找专业学术信息的技巧。

1. 选择合适的检索词

使用搜索引擎，最基本也是最有效的搜索技巧就是选择合适的检索词。选择检索词需要

新闻 **网页** 贴吧 知道 MP3 图片 视频 地图

| | 百度一下 |

空间 百科 hao123 ｜ 更多>>

把百度设为主页

加入百度推广 ｜ 搜索风云榜 ｜ 关于百度 ｜ About Baidu

©2012 Baidu 使用百度前必读 京ICP证030173号

图 6-4　百度主页面

经验,但在一定程度上也有章可寻。百度严格按照每一个用户提交的检索词进行搜索,因此,检索词表述的准确度是获得良好搜索结果的必要前提。目前的搜索引擎还不能很好地处理自然语言,所以在提交搜索请求时,最好先把自己想要的信息提炼成简单且与信息内容主题关联的检索词。

2. 搜索学术论文

通过百度找学术论文通常有两种途径。一种是网上有很多收集论文的网站,先通过搜索引擎找到这些网站,然后再在这些网站上查找自己需要的资料。找这类网站时简单地用“论文”做关键词进行搜索即可。另一种途径是直接搜索某个专题的论文。一般的学术论文都有一定的格式,如标题、正文、附录、论文关键词和论文摘要等。其中,关键词和论文摘要是论文的特征词汇,而论文主题通常会出现在网页标题中。用户可以按照论文的结构和主题,利用搜索引擎来搜索专业论文。例如,“关键词 摘要 intitle:力学性能 分析”,如图 6-5 所示。

3. 搜索特定格式的文档

当搜索结构返回过多时,如何从中筛选出更权威、信息量更大的搜索结果呢？通过限定文件的格式来进行精确搜索,百度以“filetype:文档格式 检索词”这个语法结构来对搜索对象的格式进行限制,文档格式可以是 pdf、doc、xls、ppt 等。例如,在检索框中输入“filetype:pdf 力学性能 分析”,检索结果如图 6-6 所示,点击某一文档题名查看 pdf 格式显示页面(图 6-7)。

4. 相关搜索

如果用户对搜索结果不满意,原因可能是选择的检索词不恰当,这时可以通过参考别人是怎么搜索的来获得一些启发。百度的“相关搜索”列出了和用户的检索词很相似的一系列词组排列在搜索结果页的下方,词组是按搜索热门度排序(图 6-8),用户可以选择最合适的检索词,单击它直接检索。

Baidu百度　新闻　**网页**　贴吧　知道　MP3　图片　视频　地图　更多▼

| 关键词 摘要 intitle:力学性能 分析 | 百度一下 |

结构用钢高温力学性能分析及 百度文库
结构用钢高温力学性能分析及 - 张 辉：结构用钢高温力学性能分析及 防火技术措施　2 0
年第 1期0 5 1 结构用钢高温力学性能分析及防火技术措施...3页 浏览:1次
wenku.baidu.com/view/ed860e563c1ec5da50e2 ... 2010-9-4 - 百度快照

竹浆/棉交织物力学性能的灰色聚类分析--《现代丝绸科学与技术》20...
竹浆/棉交织织物 力学性能 灰色聚类分析...【摘要】：对15种竹浆/棉交织物的拉伸性能、撕
破性能、...【关键词】：竹浆/棉交织织物 力学性能 灰色聚类分析 【...
www.cnki.com.cn/Article/CJFDTotal-GWSC201 ... 2011-12-18 - 百度快照

膜片弹簧的力学性能分析
关键词 膜片弹簧;参数化;有限元法;特性曲线;疲劳分析;结构...摘要 膜片弹簧是膜片弹簧离合
器的关键零件，其设计...采用有限元的方法对膜片弹簧进行力学性能的仿真分析...
dlib.njau.edu.cn/dlib/product2.asp?lang=g ... 2012-1-20 - 百度快照

三峡工程坝基花岗岩力学性能的微观分析-《电子显微学报》1995年第
三峡工程坝基花岗岩力学性能的微观分析，花岗岩，力学性能，微观分析，李晓鄂，蔡胜华，
电子显微学报杂志。本文从矿物组成和微结构特征入手，分析了三峡工程坝区花岗岩的...
wuxizazhi.cnki.net/Search/DZXV505.011.html 2012-2-3 - 百度快照

图 6-5 搜索学术论文百度页面

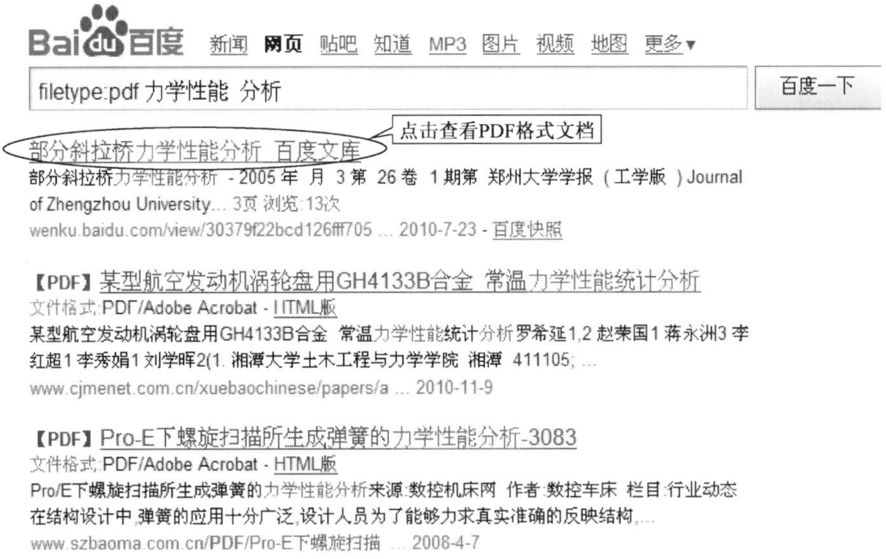

Baidu百度　新闻　**网页**　贴吧　知道　MP3　图片　视频　地图　更多▼

| filetype:pdf 力学性能 分析 | 百度一下 |

　　　　　　　　　　点击查看PDF格式文档
部分斜拉桥力学性能分析 百度文库
部分斜拉桥力学性能分析 - 2005 年 月 3 第 26 卷 1 期第 郑州大学学报（工学版 ）Journal
of Zhengzhou University... 3页 浏览:13次
wenku.baidu.com/view/30379f22bcd126fff705 ... 2010-7-23 - 百度快照

【PDF】某型航空发动机涡轮盘用GH4133B合金 常温力学性能统计分析
文件格式：PDF/Adobe Acrobat - HTML版
某型航空发动机涡轮盘用GH4133B合金 常温力学性能统计分析罗希延1,2 赵荣国1 蒋永洲3 李
红超1 李秀娟1 刘学晖2(1. 湘潭大学土木工程与力学学院 湘潭 411105; ...
www.cjmenet.com.cn/xuebaochinese/papers/a ... 2010-11-9

【PDF】Pro-E下螺旋扫描所生成弹簧的力学性能分析-3083
文件格式：PDF/Adobe Acrobat - HTML版
Pro/E下螺旋扫描所生成弹簧的力学性能分析来源:数控机床网 作者:数控车床 栏目:行业动态
在结构设计中，弹簧的应用十分广泛，设计人员为了能够力求真实准确的反映结构,...
www.szbaoma.com.cn/PDF/Pro-E下螺旋扫描 ... 2008-4-7

图 6-6 用 filetype 搜索特定文档结果页面

二、Google（谷歌）

　　Google 目前被公认为全球规模最大的搜索引擎，它提供了简单易用的免费服务，用户可以在瞬间从海量的信息中得到想要的搜索结果。当用户访问 http：//www. google. com 就可以使用多种语言查找网页信息。

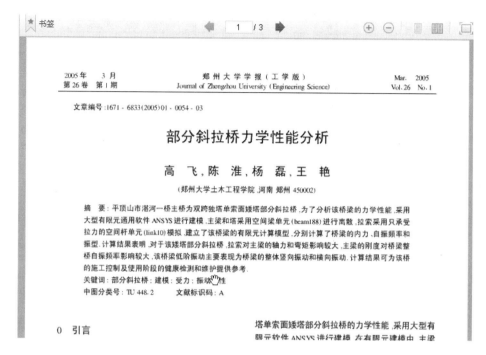

图 6-7　pdf 文档显示页面

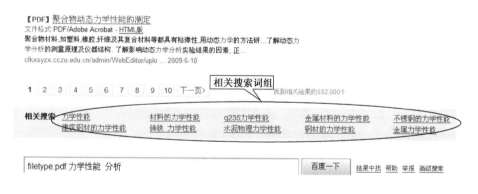

图 6-8　相关搜索页面

1. 快速搜索

在 Google 上搜索信息非常简便，只需在主页面（图 6-9）搜索框中输入一个或多个检索词，然后按 Enter 键或单击"Google 搜索"按钮即可看到检索结果显示页面（图 6-10），检索结果是按相关度排序的。

在检索结果页面，Google 对检索结果信息的类型（图片、地图、新闻、图书、论坛等）以及网页的类型（所有中文网页、简体中文网页、翻译的外文网页等）进行了分类，用户可以根据需要选择查看。

除了检索词搜索之外，Google 同样提供了类似于百度的相关搜索、按文件类型搜索等功能。

图 6-9　Google 主页面

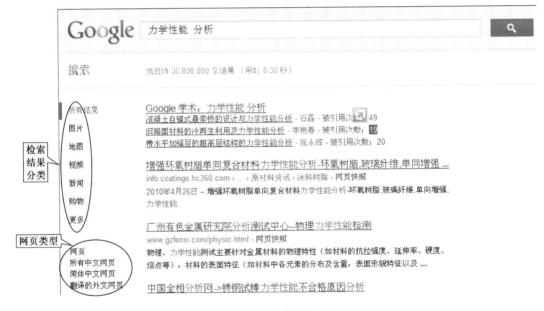

图 6-10　搜索结果页面

2. 高级搜索

点击 Google 主页右上角的 按钮，在弹出的选项中点击"高级搜索"进入高级搜索页面（图 6-11），也可以通过 http://www.google.com/advanced_search 直接登录高级页面。

（1）高级搜索的技巧

①使用双引号""：给搜索词组添加双引号，等于告诉 Google 严格按照该词组的形式查找结果，而不对搜索词组进行任何变动；给单个字词添加双引号，等于告诉 Google 严格按用户输入的字词来搜索结果。

②使用减号"－"：在字词前紧靠该字词加一个减号，表示不希望搜索结果中出现包含该字词的网页。减号应该紧靠相应字词，并且减号的前面应该加一个空格。例如，在查询［anti-virus software］中，减号用作连字符，因此不会被解释为排除符号；而查询［anti-virus -software］会搜索单词"anti-virus"，但是排除包含"software"的网页。可以根据需要排除任意多

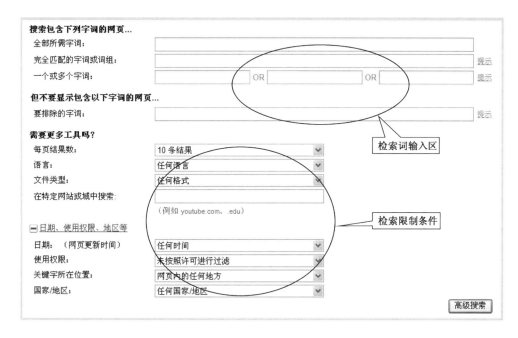

图 6-11　高级搜索页面

个字词,只需在它们前面都加上减号"—"即可。

③使用通配符"＊":如果在查询中使用 ＊,则 Google 会尝试将该星号视为任意未知字词,然后查找最佳匹配结果。例如,搜索"bridge analyse ＊"会返回有关桥梁分析的检索结果。请注意,＊ 操作符只能代表整个单词,不能代表单词的一部分。

④查询特定网站 site:Google 可让用户指定搜索结果必须来自特定网站,如查询"论坛搜索引擎 site:sowang. com"。

(2)检索结果限定

Google 高级检索页面提供了每页显示的结果数、语言类型、文件的类型、网页更新的日期、使用权限、输入的关键词在网页中的位置以及国家或地区等限制条件,用户通过点击下拉箭头展开各选择项,根据需要进行选择,通过选择这些限制条件可以进行更为精确的搜索。

3. 学术搜索(Google Scholar)

Google 学术搜索(http://scholar. google. com)提供广泛搜索学术文献的简便方法,用户可以从一个位置搜索众多学科和资料来源:来自学术著作出版商、专业性社团、预印本、各大学及其他学术组织的经同行评论的文章、论文、图书、摘要和文章。Google 学术搜索可以使用户从一个位置方便地搜索各种资源、查找报告、摘要及引用内容,通过用户所在的图书馆或在 Web 上查找完整的论文,以及了解任何科研领域的重要论文等功能。

(1)快速搜索

Google 学术搜索的快速搜索使用同普通搜索引擎一样(图 6-12),直接在搜索框中输入一个或多个检索词,然后按 Enter 键或单击"搜索"按钮即可进行搜索。

(2)高级搜索

在 Google 学术搜索快速检索页面上点击"学术高级搜索"进入学术高级搜索页面(图 6-

力学性能 分析　　　　　　　　　　　　搜索　学术高级搜索
　　　　　　　　　　　　　　　　　　　　　　　学术搜索设置

◉搜索所有网页 ○中文网页 ○简体中文网页

站在巨人的肩膀上

关于 Google 学术搜索 - Google 大全 - Google Scholar in English

©2012 Google

图 6-12　Google 学术搜索页面

13)，高级搜索通过添加优化搜索字词的"操作符"，可以提高用户在 Google 学术搜索上进行
搜索的准确性和有效性。

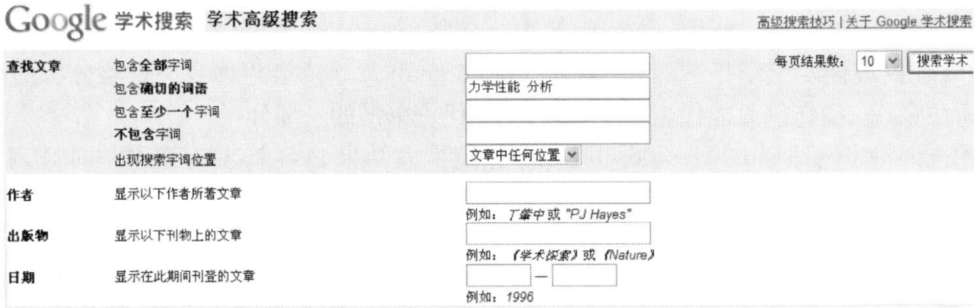

图 6-13　学术高级搜索页面

常见的 Google 学术搜索操作符：

①作者搜索。作者搜索是找到某篇特定文章最有效的方式之一。如果中国作者，则在作
者输入框中输入作者姓名即可；如果是外国作者，则尽量使用首字母而不要使用全名，因为
Google 学术搜索编入索引的某些来源仅提供首字母，如果要使用全名则输入加引号的姓名，
如："jh friedman"。

②出版物限制。如果用户知道文献来源的出版物名称，则输入出版物名称，限制搜索只返
回来自特定出版物、针对特定字词的搜索结果。需要注意的是，一本杂志名称可能会用多种方
式进行拼写［例如：Journal of Biological Chemistry(《生化杂志》)经常被简写为 J Biol Chem］，
因此为了得到完整的搜索结果，用户需要对同一出版物多尝试几种拼写方法。

③日期限制。在寻找某一特定领域的最新刊物时，日期限制搜索可能会比较实用。需要
注意的是，有些网站资源没有标注出版日期，而日期限制搜索是无法搜索 Google 学术搜索中

不能辨别出版日期的文章,因此在使用日期限制时要慎重。

④标题操作符。"标题:"操作符,如"标题:力学性能"仅返回标题中含有"力学性能"检索词的记录。

此外,Google 学术搜索也支持多数 Google Web 搜索中的高级操作符。

(3)搜索结果

Google 学术搜索快速搜索与高级搜索的检索结果页面是相同的,按相关性对搜索结果进行排序,跟 Google Web 搜索一样,最有价值的参考信息会显示在页面顶部。每一个搜索结果都提供了文章的标题、作者、出版物名称、出版年、摘要、关键词、中图分类号、文献标识码、文章的被引次数、相关文章及文章的全文格式等信息(图 6-14)。通过点击搜索结果页面蓝色字体可链接到相关的信息页面。

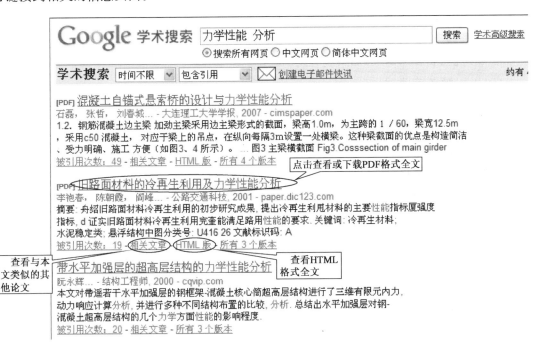

图 6-14　搜索结果页面

三、Scirus 科学搜索引擎

1. Scirus 概况

Scirus(http://www.scirus.com)是目前互联网上最全面、综合性最强的科技文献门户网站之一,Scirus 引擎的信息源主要是两部分:网页和期刊。这种搜索引擎网站的出现为用户在网络上和专有数据库中快速查找所需的信息打开了一道便捷之门;此外,还可以对网络中所搜索到的结果进行过滤,然后只列出包含有科学信息的成分。

Scirus 所覆盖的内容:目前 Scirus 已将 4.5 亿个与科学有关的网页编入索引中。除此之外,它还包括 425 000 篇美国物理学会的文章、492 000 篇 Arxiv 的预印本资源、33 000 篇 BioMed Central 的文章全文、1 000 000 篇 PudMed Central 的文献、7 600 000 篇 ScienceDirect 文献全文等资源。

Scirus 覆盖的学科范围包括：农业与生物学，天文学，生物科学，化学与化工，计算机科学，地球与行星科学，经济、金融与管理科学，工程、能源与技术，环境科学，语言学，法学，生命科学，材料科学，数学，医学，神经系统科学，药理学，物理学，心理学，社会与行为科学，社会学等。

2. Scirus 的特点

Scirus 搜索引擎是专为科研人员所设计的，它与一般搜索引擎（如 Yahoo、Google 等）不同的是它主要涵盖专门学科方面的信息，具有以下特点：

①过滤非学科方面的信息；

②收录同行评审（peer-reviewed）的文章，这在一般搜索引擎中大部分是被忽略掉的；

③可以搜索特定作者、期刊、出版年等缩小查询范围；

④可同时查询学科相关的会议、摘要、及专利资料；

⑤可以完善、自定义并存储用户的搜索。

3. Scirus 的检索方法

Scirus 的检索界面友好，提供了两种检索方式，即基本检索（Basic Search）和高级检索（Advanced Search）。

（1）基本检索

Scirus 基本检索非常简单（图 6-15），用户仅需输入检索词，按 Enter 键或单击"Search"按钮即可得到相关资料。

SCIrUS
for scientific information only

Advanced search | Preferences

[   ] Search

SCIrUS is the most comprehensive scientific research tool on the web. With over 440 million scientific items indexed at last count, it allows researchers to search for not only journal content but also scientists' homepages, courseware, pre-print server material, patents and institutional repository and website information.

Latest Scientific News - from New Scientist

Downloads | Submit website | Scirus newsletter | Help | Library partners | Contact us
About us | Advisory board | Privacy policy | Terms & Conditions | Newsroom
Powered by FAST © Elsevier 2012

图 6-15　Scirus 基本检索页面

（2）高级检索

在基本检索页面点击"Advanced search"进入高级检索页面（图 6-16），高级检索页面分为上下两部分，上部分为检索区，下部分为检索范围及检索结果显示限定区。

在检索区，检索词输入框左边是检索词与检索结果的匹配度，有 3 个选项"All of the words"（所有词）、"Any of the words"（任意词）、"Exact phrase"（精确短语）供用户选择；检索词输入框右边是限定检索词在检索结果中的字段范围。

　　"All of the words"（所有词）：检索结果中必须包括输入的每一个检索词，逻辑关系相当于"AND"。

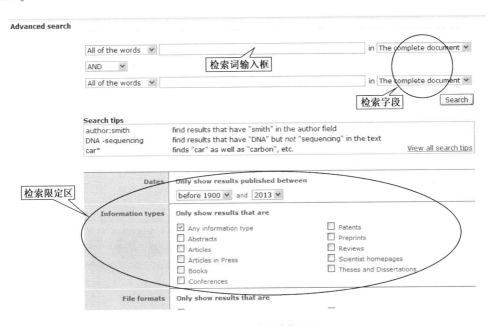

图 6-16　Scirus 高级检索页面

　　"Any of the words"（任意词）：检索结果中可包括一个或多个检索词，相当"OR"。

　　"Exact phrase"（精确短语）：检索结果与输入短语严格匹配，相当于引号" "的应用。

　　高级检索的检索字段包括"The complete document"（全文）、"Title"（标题）、"Author"（作者）、"Author Affiliation"（作者单位）、"Keywords"（关键词）、"ISSN"（国际标准期刊号）、"URL"（网址）等。

　　检索词输入框之间采用逻辑运算符 AND、OR、NOT 进行逻辑组配。

　　在检索及检索结果显示限定区，用户可以进行个性化检索设置，限制条件包括了检索的时间段、信息的类型（如专利、文摘、论文、网页等）、文献的格式（如 PDF、HTML、PPT、DOC等）、信息来源（期刊资源和网络资源）、检索学科与主题范围和每页显示的检索结果数等。用户还可以保存检索设置，以便在今后的检索中继续沿用此设置。

4. Scirus 的检索结果

　　执行检索命令后，首先得到检索结果列表（图 6-17），列出检索出的总数量（包括期刊数量、网络文献数量）和所使用的检索式。Scirus 检索结果的排序，在缺省情况下，Scirus 将检索结果按照相关度进行排序，也可以根据需要，将检索结果按照日期排序。

　　在检索结果页面，用户可以对检索结果根据文献来源、文献类型进行筛选，也可以通过"Refine your search"罗列的选项对检索结果进行精简；保存或输出已经选择好的记录。点击选中的某一篇文献的篇名查看文献细览页（图 6-18），显示文献包括文摘在内的详细信息，还具有链接看全文、被引情况及保存等功能。

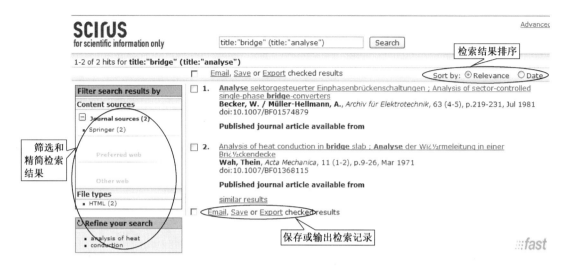

图 6-17　Scirus 检索结果页面

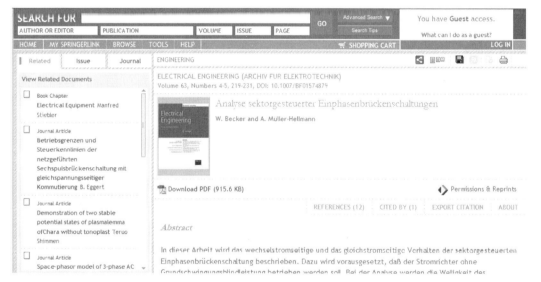

图 6-18　Scirus 文献细览页面

　　Scirus 用户可以免费浏览所有检索到的互联网主页的信息。Scirus 提供的期刊资源可以免费查看题录和文摘。但是，获取全文需要预先注册并支付费用。

第七章　科技信息检索分析应用

在科学研究中,文献信息的利用是一项基础性工作,而文献信息利用的前提是通过检索等手段收集文献信息,然后将收集的文献信息经过整理和分析为科研工作提供有效参考和服务。

第一节　文献信息的收集、整理和分析

一、文献信息的收集

文献信息的收集是每个科技人员从事教学、科研、生产与管理必不可少的基础性工作。任何科研课题,从选题直至课题结束时的成果鉴定,每一个环节都要求系统地收集与课题相关的文献信息。因此,全面、准确、高效地收集文献信息对科研课题的顺利完成是十分重要的。

1. 科研课题完成的四个阶段

一般来说,科研课题的完成过程可以划分为四个阶段,即前期阶段、初始阶段、中间阶段和总结阶段。

（1）前期阶段

前期阶段主要是选题和课题论证阶段。选题要考虑到科学性、先进性、应用性、市场发展前景及前人研究成果的调研信息等,同时需要有足够的科学依据对科研课题进行可行性的有关论证。因此,需要查阅和收集大量国内外相关研究的文献信息。

（2）初始阶段

初始阶段主要是制定科研课题研究计划和选择研究方法的阶段。制定研究计划必须遵循事物发展的客观规律,有组织、有计划、有步骤地按时完成科研课题的研究工作。研究方法关系到科研课题研究的成败,为使科研课题能按计划顺利完成,必须设计和选择适合科研课题的研究方法和技术方案,而研究方法和技术方案的制定同样要依赖有关的文献信息。

（3）中间阶段

中间阶段主要是科研课题的研究计划和研究方法具体实施的过程。在整理、总结和综合分析科研课题进展情况的基础上,参考和借鉴前人的经验,及时调整科研课题的研究方法和技术方案,保证科研课题研究的创新和水平。在此阶段,深入收集文献信息就变得更加重要。

（4）总结阶段

总结阶段主要是科研课题的研究成果的总结、鉴定和科研论文的撰写阶段。研究成果是科研课题中间阶段的产物,对其要进行结果的讨论与分析,在前人研究的基础上提出独到见解、结论及存在问题,并接受有关主管部门的鉴定与验收;科研论文的撰写实际上就是对科研课题研究成果的总结归纳,按照科技论文的撰写方法,撰写研究论文。只有拥有大量的文献信息,才能完成深入的总结、比较与评价。

总之,科研课题的每一个研究环节都离不开文献信息的查阅、收集和利用。因此,科技工作者应充分利用文献信息资源,不断地收集、积累和利用与本专业相关的各种最新文献信息资料,随时掌握本专业国内外研究现状和发展趋势,避免科研工作的重复,以减少人力、物力和财力的浪费。

2. 文献信息的收集途径

科技工作者收集文献信息的途径主要有三个方面:

①定期浏览相关专业核心期刊和其他类型的专业期刊,以便从中获得重要专业文献信息。

②参与各种学术报告会议,包括参加国内外专题讨论会、学术交流会、访华学者报告会、技术座谈会等学术活动;也可以到同行单位进行实地调研或参观学习,收集到第一手文献信息。

③利用各种国内外检索工具和网络搜索引擎,系统、全面地收集相关文献信息。一般应根据科研课题的内容、性质及要求,采取不同的收集方法。

3. 文献信息的收集方法

(1)常规的收集方法

常规的文献信息收集方法首先是以明确科研课题要求、汇集查找线索为目的,即收集三次文献。例如通过百科全书、年鉴、有关数据手册、设计手册等来收集与科研课题相关的文献信息。其次是获取与科研课题相关的各种类型的文献资料,即通过国内外各种检索工具与网络搜索引擎检索与科研课题相关的文献信息。除此之外,定向跟踪科技发达国家的有关研究机构和同行著名学者的研究成果,也可以收集到与科研课题相关的文献信息资料。

(2)其他收集方法

除常规的收集方法以外,还可以根据科研课题的性质和要求,采取更有针对性的收集方法。

①技术攻关性质的课题。文献信息收集的重点通常是国内外的科技报告、专利、会议文献和期刊论文等。收集步骤一般分成两步:一是使用相应的专门检索工具、数据库或互联网查找相关文献信息;二是根据所查到的文献信息,找出核心的分类号、主题词、作者姓名以及主要相关期刊或会议等信息,通过这些线索再使用数据库、互联网或专业期刊、会议录等复查,以找全主要的参考文献信息。

②仿制性质的课题。文献信息收集的重点通常是同类的产品说明书、专利说明书和标准资料、科技报告、科技期刊等。收集的步骤一般也分两步:一是通过各种手册、指南了解有关单位的名称和情况,进而利用检索工具、数据库或互联网普查相关的专利和标准,掌握专利占有和标准公布情况,弄清主要的相关单位有哪些;二是通过各种途径向有关单位索取产品样本、产品说明书等。

③综述性质的课题。文献信息收集的重点通常是近期发表的各种一次文献和三次文献,包括以期刊论文、会议文献、专著丛书、年鉴手册和科技报告等形式出版的综述、述评、进展报告、现状动态、专题论文等。收集的方法是以使用数据库或互联网为主,辅以直接查阅有关期刊、图书和手册等工具书;另外还要注意最新发表的一次文献,以补充已有三次文献的不足。

④成果水平鉴定性质的课题。文献收集的重点通常是专利文献,也包括相关的科技成果公报类期刊、专业期刊和会议文献等。这类课题对相关文献的查全率和查准率都有较高的要

求,收集时应特别注意检索策略的优化和原文的获取与分析比较。

除了上述的两种文献信息收集方法之外,还应注意以下三点:

一是根据课题的时间范围和地域范围,确定收集文献信息的时间段以及地区范围。二是在文种选择上,一般先查阅中文文献检索工具和中文专业期刊,再查外文文献,这样不仅可以了解和掌握国内相关文献信息,还可以了解到国外相关文献信息。此后再查阅外文检索工具、外文期刊或因特网,以提高相关文献信息的查全率和查准率。三是对于已收集到的文献信息,不仅要阅读理解文献的内容,而且还要注意文章后的参考文献,以便从中补充课题所需的有关文献信息。

二、文献信息的整理

在文献信息收集的基础上,首先应对所收集到的文献信息进行整理,然后再加以应用。文献信息整理的方法主要包括文献信息的阅读与理解、文献信息的鉴别与剔除、文献信息的笔录与卡片和文献信息的分类与排序等。

1. 文献信息的阅读与理解

阅读和理解文献信息的一般顺序为:对于主题相同的中外文文献信息,先阅读中文文献信息,后阅读外文文献信息,这样既有助于理解文献信息的内容,又能加快文献信息的阅读速度;对于同一篇既有文摘又有原文的文献,则应先阅读文摘后阅读原文,根据文摘提供的信息,决定是否索取原文,以节省精力、时间和费用;对于同一类文献,当既有综述性文献,又有专题性文献时,则应先阅读综述性文献,后阅读专题性文献,这样有助于在全面了解课题的基础上对专题性文献作出选择;对于同一主题文献发表时间上有先后的,则先阅读近期发表的文献,后阅读早期发表的文献,这样有助于了解和掌握最新科研水平和发展前景。

阅读和理解文献信息的一般步骤为:先粗读或通读,后精读。粗读用以初步确定文献信息的取舍。粗读时,短文可全读,长文可只读摘要、引言和结论,以求其梗概;通读用以掌握课题的概貌,因此可以选择综述和述评文章,对重要论点、核心数据随时做笔记。精读用以理解重点文献信息,通常精读的文献信息是与课题密切相关的文章。精读的笔记内容除了文章著者的观点、结果以外,甚至可以有自己的评论,以做分析比较。精读的文章,如果是外文文献信息,则需摘译或全译,以求准确理解。

2. 文献信息的鉴别与剔除

(1)来源鉴别

对所收集的文献信息,应做来源国、学术机构、研究机构的对比鉴定。看是否出自发达国家的著名学术机构或研究机构;是否刊登在同领域的权威期刊上;文献被引次数、来源是否准确;是公开发表还是内部交流等。对那些故弄玄虚、东拼西凑、伪造数据和无实际价值的文献信息,应注意予以剔除。

(2)著者鉴别

对所收集的文献信息的著者应做必要的考证,看著者是否是本领域具有真才实学的学者。

(3)事实和数据信息的鉴别

主要是指论文中提出的假设、论据和结论的鉴别。应首先审定假定的依据、论据的可信程度,结论是否是推理的必然结果,实验数据、调查数据是否真实、可靠。对那些立论荒谬、依据虚构、逻辑混乱、错误频出的资料应予以剔除。

3. 文献信息的笔录与卡片

在收集文献信息的过程中,必须及时用卡片一篇一卡地做好记录,以备后用。一般卡片记录形式有以下几种:

(1)题录式卡片

即在卡片上著录文献篇名、著者、文献出处、日期、卷期号码,用于一般文献的笔录。

(2)文摘式卡片

凡通过检索工具查得的文摘,可照抄到卡片上。如果为原文作者文摘,则应通读原文,分析出文章内容的要点,在文摘卡片上著录文献篇名、著者、著者单位、书刊名称、卷期页码、出版时间以及内容提要。

(3)提纲式卡片

即在卡片上记录文献的篇名和章节标题,用以了解著者的逻辑思维和文章的基本内容。

(4)摘录原文语句式卡片

此种卡片适用于原文中精华的、意义重大的语句或段落。

(5)全文复制或抄录

这种做法适用于特别重要的文献。

现在由于有 Excel 等工具,如果把文献信息做成 Excel 形式,那么文献信息的整理和再次利用将十分方便。

4. 文献信息的分类与排序

当所有的文献信息编写完毕,则可按类或主题为标识排序,以方便利用。对于从事多项课题的研究人员,应按课题建档、排序,对理出类别的卡片再进行筛选,剔除淘汰重复或参考价值较小的部分,然后根据课题的需要复印或借阅有关原文。

三、文献信息的分析

文献信息的分析是指对获取的文献信息进行分析与综合的过程。文献信息分析的目的是从相关的文献信息中提取共性的、方向性的或特征性的内容,为进一步的研究或决策提供参考和依据。经过文献信息分析,由检索、收集和整理而得的文献信息变成了某一个专题的信息精华,因此文献信息的分析过程是一个由粗到精、由低级到高级的信息提炼过程。

文献信息分析一般包括以下 6 个步骤:

①选择课题;

②收集与课题相关的文献信息;

③鉴别和筛选所得文献信息的可靠性、先进性和适用性,并剔除不可靠或不需要的文献信息;

④分类整理,对筛选后的文献信息进行形式和内容上的整理;

⑤利用各种信息分析研究方法进行全面的分析与综合研究;

⑥成果表达,即根据课题要求和研究深度,撰写综述、述评报告等。

文献信息分析的方法很多,归纳起来主要有定性分析和定量分析两种方法。

1. 文献信息的定性分析方法

文献信息的定性分析方法是指运用分析与综合、相关与比较、归纳与演绎等逻辑学手段进行文献信息研究的方法。常用的文献信息分析方法有比较法、相关关系法和综合法。

（1）比较法

比较法可以分为纵向和横向两种方法。纵向比较法是通过对同一事物在不同时期的状况,如数量、质量、性能、参数、速度、效益等特征进行对比,认识事物的过去和现在从而分析其发展趋势。由于这是同一事物在时间上的对比,所以又称为动态对比。横向比较法是对不同区域,如不同国家、地区或部门的同类事物进行对比,又称静态对比,属于同类事物在空间上的对比。横向对比可以提出区域间、部门间或同类事物间的差距,判明优劣。通过比较方法获得的文献信息分析结果可以使用数字、表格、图形或文字予以表达。

（2）相关关系法

事物之间或者事物内部各个组成部分之间经常存在某种关系,例如现象与本质、原因与结果、目标与途径、事物与条件等关系,这些关系可以称为相关关系。通过分析这些关系,可以从一种或几种已知的事物中来判断或推知未知的事物,这就是相关关系分析法。

（3）综合法

综合法是将与研究对象有关的情况、数据、素材进行归纳与综合,把事物的各个部分、各个方面和各种因素联系起来考虑。从错综复杂的现象中,探索它们之间的相互关系,以达到从整体的角度通观事物发展的全貌和全过程,以获得新的认识、新的理论的目的。例如,把某一个课题当前的发展情况,包括理论、方法、技术及优缺点集中起来,加以归纳整理,就构成了一份不同学派、不同技术的综合材料。

2. 文献信息的定量分析方法

文献信息的定量分析方法是指运用数学方法对研究对象的本质、特征进行量化描述与分析的方法。因为量化描述主要是通过数学模型来实现,所以定量分析也可以说是利用数学模型进行文献信息分析的方法。

定量分析的核心技术是数学模型的建立与求解,以及模型解的评价判定。数学模型的建立过程包括明确建模目标、确定模型变量、建立数学模型的近似理论公式、确定参数和模型求解,最后是评价模型的性能。

概率统计法是一种常用的文献信息定量分析方法。概率统计方法也称拟合模型法。这种方法的实质是利用已有的数据情报拟合推演出数学模型。其关键是采集加工出的数据情报要能够反映出研究对象的特性和运动的机制,数据分析要准确,拟合方法要合理。这种方法适用于非突变性随机问题。

第二节　科技论文的撰写

科技论文是科研成果的具体体现,撰写科技论文是科研工作的最后一个环节,它可以使科研工作者的科研活动进入正式交流阶段,接受社会实践的检验,成为社会的知识财富,获得经济效益和社会效益。

一、科技论文的类型

科技论文包括学术论文和学位论文。学术论文是某一学术课题在实验性、理论性或观测性上具有新的科研成果或创新见解和知识的科学记录,或者是某种已知原理应用于实际中取得新进展的科学总结,用以提供学术会议上宣读、交流或讨论,或在学术刊物上发表,或作其他用途的书面文件。

学位论文是表明作者从事科研取得创造性的成果或有了新的见解,并以此为内容撰写而成,作为提出申请授予相应的学位时审用的论文。学位论文包括学士论文、硕士论文和博士论文。

二、科技论文的结构和行文要求

一般来说,一篇科技论文由以下部分组成:标题、作者及工作单位、摘要、关键词、目次、引言、正文、结尾、致谢、参考文献、附录等。写论文一般要以这个原则去组织结构才能层次分明,叙述清楚。以下分别简要加以说明:

1. 标题

标题是文章内容的高度概括,它应体现出作者的写作意图和论文的主旨,揭示课题的实质,交代论文的内容范围。标题应该确切、简洁、鲜明。

标题应能准确反映出论文的内容和特点;要简短,一般不超过 20 个字;避免使用不常见的符号和术语。

有些论文设子标题,其目的是为了清晰地显示论文层次,紧扣所属层次的含义。

2. 作者及工作单位

作者名置于标题之下,独立一行,作者工作单位位于署名之后,便于读者与作者联系。

3. 摘要

摘要是学术论文的重要组成部分,是论文最主要内容的概括,目的是使读者尽快了解内容,以判断是否需要精读原文。

摘要的特点是短、精、完整。

摘要的字数一般在 200～300 个;在用词上避免与标题和引言重复;要有数据、有结论,是一篇完整的短文。

摘要一般应说明研究对象、主要目的和内容、实验方法、主要结论和最终结论等,重点是结果和结论。

4. 关键词

关键词是从论文的正文、摘要或标题中选取出来的并用以表示论文主题内容的非规范化的单词或词组,每篇论文一般选取 3～8 个关键词,以显著字符另起一行,排在摘要左下方。

5. 目次

篇幅较大、子标题较多的论文可以有目次,目次页由论文的篇、章、节、参考文献、附录、索引等的序号、名称和页码组成,另起一页排在引言之前。

6. 引言

引言又称前言、导言、序言、绪论等,引言作用是说明写此论文的理由,以引起读者注意,是文章的开场白。引言贵在言简意赅,不要与摘要雷同,不能成为摘要的注释。

7. 正文

正文是学术论文的主体,论点、论据、论证及要达到的预期目的都要在这一部分论述,它最能体现研究工作的成就和学术水平。

由于研究工作涉及的学科、选题、研究方法、工作进程、结果表达方式等有很大差异,对正文的内容不能作统一的规定。

8. 结论

结论是对论文全部观点的归纳和总结,是最终的总体结论。结论要简述由实验结果和讨论部分所得的最后的结果,指出结论的适应范围,说明研究成果的意义,提出研究建议、设想、仪器设备改进意见和尚待解决的问题等,结论的措词必须准确、完整、明确、精炼。

9. 致谢

此部分是表达作者对曾帮助过课题研究和论文写作的单位或个人的谢意,当然也包括在动笔写文章之前的实验及研究中,对曾给予指导和帮助过的前辈、同事、朋友或给予实验方便创造条件的组织和部门,以及国家科学基金,赞助研究工作的奖学金、基金、合同单位、资助或支持的企业致以谢意。

10. 参考文献

参考文献一般附在结论之后,参考文献的来源有:期刊、会议录、技术报告、学位论文、书籍、专利、资料汇编等。

11. 附录

附录一般是在参考文献之后,用于对正文的补充。

①它一般是不宜放在正文,但与正文有关的论证或公式的推导过程。

②与正文内容有一定关系的数据、符号或图表。

③对一般读者不必阅读、不易理解或不感兴趣,但对同行都有参考价值的材料。

第三节　定题服务

定题服务(Selective Dissemination of Information,简称 SDI)是文献信息机构根据用户研究课题需要,通过对信息的收集、筛选、整理并定期或不定期地提供给用户,直至协助课题完成的一种连续性的服务。

SDI 主要面向较高专业层次的用户群,如科研人员、教学人员、工程技术人员、决策管理人员等。由于这种服务的开展一般是由文献信息机构的人员深入调查生产活动中的信息需求,主动与用户建立联系,从而选定服务课题,主动收集、检索并提供与课题有关的文献信息等,整个服务过程自始至终体现了为用户服务的宗旨,因而主动性是重要特征之一。

SDI 在服务方式和方法上不拘泥于某一固定服务模式,手检与机检、代查、代译、代复制、代索取原文等都在服务范围之内,因此灵活性、多样性是 SDI 的又一特征。一方面针对课题需要不断向用户提供数据库中的最新信息,另一方面还可能应用户要求将文献资料汇集成某一专题的国内外文献资料线索,因此系统性是对 SDI 的高要求。

SDI 服务应用户要求,攻克科研难关,缩短科研时间,提高科研效率,具有显著的经济效益与社会效益。在文献信息机构中,SDI 服务开展得如何是评价其业务效绩的重要指标之一。

一、定题服务的步骤与方法

1. 建立对口服务点

建立对口服务点要在调查基础上进行。第一,了解本地区、本单位正在研究或计划研究的课题,包括各课题的科研计划、课题的尖端性与迫切性、课题计划完成的时间要求等。调查可采用向主管部门了解、与课题负责人交谈或发放调查表等方式;第二,找用户了解研究课题的成员组成以及他们对文献资料的具体要求;第三,文献调查着重了解馆藏文献中各学科的核心期刊、主要检索工具的收藏情况、馆藏文献的特点及不足等。通过以上调查摸清本单位服务人员能否胜任的情况后再确定选题。

2. 选题和定题

选择确定服务课题的原则是:重点、急需、可能。第一,为当前当地国民经济服务的重点课题,这些课题往往带有全局性或一定的普遍意义;第二,对发展社会生产和提高生产效率见效快、收益大的科研项目;第三,生产部门急需解决的技术课题;第四,课题研究计划完善、人员落实、有组织、有计划;第五,本单位的检索工具和服务人员的业务能力与之相适应。课题选定后,还应对服务课题的意义、内容、进度、要求等作进一步的了解与熟悉,然后根据轻重缓急、难易程度及所需时间的长短,进行人力调配。

3. 收集和筛选文献资料

SDI 服务的质量在很大程度上取决于对浩瀚文献的选择,因此要提供一个课题的有关文献资料,必须利用多种检索途径,如分类、主题,并利用外文索引、书后参考文献等收罗文献资料,并从所收集的纷繁众多的文献中去粗取精,选择针对性强、有参考价值的提供给用户。在收集文献时,往往采用传统的由近及远的方法;在筛选文献过程中,应注意与用户相配合,互相取长补短,才能收到良好的效果。

4. 综合

SDI 服务的性质决定了开展综合服务的必要性。凡是能促进服务课题顺利完成的一切服务形式都可采用。

提供服务的形式按时间分为不定期提供和定期提供两种。前者即根据课题进行检索,凡与服务课题有关的文献资料随时提供给读者;后者即按规定时间定期集中提供。

按所提供文献的类型分为可提供文摘、索引或原始文献;也可编写综述、编制专题书目;还可进行代译、代复印等服务。

按提供文献的内容分为可提供预测性资料、总结性资料、评价性资料、数据资料等。

总之,在 SDI 服务中,要综合采用文献资料的流通服务、书目服务、咨询服务等各种方式。

至于在何时采用何种方式,要视课题进展与用户需要,并结合文献信息服务机构的能力灵活运用。

二、服务效果的检验与评价

1. 服务效果的意义

服务整体质量的重要标准是改进工作的依据。在服务过程中,重视其服务效果的检验与反馈,有着重要的意义:

①了解服务工作的成绩,可以进一步激励工作人员。

②帮助总结工作经验,弄清哪些服务内容、服务形式更切合实际社会需要或存在哪些问题,从而有利于不断改进服务工作、提高服务质量。

③在检验服务效果及收集反馈意见的过程中,可以同时了解、掌握用户的新需求,有助于下一步工作的针对性。

2. 服务效果的检验

检验定题服务的效果可以从以下几个方面进行验证:

①提供的文献资料是否符合课题内容范围。

②用户欢迎哪种文献类型。

③哪些文献资料对课题攻关和启迪思维有较大作用。

④用户今后的文献需求等。

3. 服务效果评价

用户对服务效果的评价,是对图书情报部门的一种反馈。这种反馈信息的收集,必须是经常、及时和多途径的:可以通过"SDI 服务效果反馈表"或召开读者座谈会等形式,征询用户对SDI 服务工作的意见和建议;还可专门设置"反馈意见表",把发现的问题及时登记入卡,以便日后利用各种方式和机会加以解决,从而保证用户的反馈意见不会因时间的流逝而被遗忘。

第四节　科技查新服务

为提高科技立项和成果奖励的严肃性、公正性、准确性、权威性,我国国家科技部对成果鉴定评奖工作做了许多规定,把查新咨询服务工作纳入了科技管理范围,成为科技管理工作中不可缺少的环节。

一、科技查新简介

科技查新工作,简称"查新(novelty search)"。根据原国家科委颁布的《科技查新咨询工作管理办法》,查新工作"系指通过手工检索和计算机检索等手段,运用综合分析和对比方法,为评价科研立项、成果等的新颖性、创造性和先进性或水平提供公开、公知事实依据的一种公众性信息咨询服务工作"。

实际上,科技查新咨询是根据查新委托人提供的需要查证其新颖性的科学技术内容,通过检索手段搜集国内外相关资料,结合必要的调查研究及对有价值的信息资料进行综合分析,并与课题查新点对比,对其新颖性作出结论并出具查新报告。查新委托项目的新颖性是指,在查新委托日以前查新项目的科学技术内容部分或者全部没有在国内外出版物上公开发表过。也就是说,查新就是通过文献信息检索判定前人有无相似研究或成果。

二、科技查新的特点

科技查新是对查新委托项目的新颖性、实用性和先进性进行审查,具有科学性、技术性和政策性的特点,有别于文献信息检索和专家评审。

1. 科技查新与文献信息检索

文献信息检索针对具体课题的需要,仅提供文献线索和相关文献,对课题不进行分析和评价,侧重于对相关文献的查全率。科技查新是文献信息检索和情报调研相结合的信息研究工作,它以文献信息为基础,以文献信息检索和情报调研为手段,以检出信息结果为依据,通过综合分析,对查新项目的新颖性进行情报学审查,写出有依据、有分析、有对比、有结论的查新报告。因此,科技查新有较严格的年限、范围和程序规定,有查全、查准尤其是查准率的严格要求,要求给出明确的结论,查新结论具有参考价值。

2. 科技查新与专家评审

专家评审主要是依据专家本人的专业知识、实践经验以及所了解的专业信息,对被评对象的创造性、先进性、新颖性、实用性等做出评价。由此可见,科技查新和专家评审所依据的基础不同,评价的内容也有差异,但二者各有优缺点。评审专家丰富的专业理论知识、实践经验以及对事物的综合分析能力是一般科技查新工作人员难以具备和无法代替的;反之,查新机构所具有的丰富的文献信息资源和现代化信息检索系统,查新工作人员所具有的一定学术水平,广泛的知识面和丰富的文献信息工作经验等优势也是评审专家难以取代查新机构的原因。

注意:查新机构提供的查新报告结论只是文献检索、情报调研等方面的结论,只是较系统、较准确的客观依据和情报学评价,而不是全面的成果评审结论。

三、科技查新的应用

目前,科技查新工作已由传统的新颖性查新,发展到针对不同需求的水平查新、引文查新、知识产权状况分析、专利查新等多种情况,具体的应用包括科技立项查新、科技成果鉴定查新、申请专利查新、奖励申报、新产品开发、引进技术项目论证等。

1. 科技立项查新

科技立项查新是为了确定某一课题是否有开展的必要性、可行性、新颖性而提供的一种客观评价依据。立项查新需要对课题的过去和现在进行调查,弄清国内和国外、前人和他人已做了哪些工作,取得了哪些成就,最新进展情况如何,存在哪些问题,发展前景如何等。其目的是帮助科研人员认准方向,摸清现有水平,正确立题、制订科研目标和规划,以避免或减少重复他人的劳动,提高选题的针对性。

2. 科技成果鉴定查新

为评价某一科研课题的新颖性、先进性、实用性而向评审专家提供的一种事实依据,目的在于帮助专家公正、客观地评价研究成果,减少失误,保证成果的质量,增强科学的严肃性,实事求是地反映科研水平。

3. 申请专利查新

主要是针对新颖性的查新。这类查新要根据世界知识产权组织的规定,对美、英、德、法、日、俄、瑞七国和"国际专利合作组织条约"及"欧洲专利公约"两个组织公布的专利进行检查。此外,还要检索本国的专利及非专利文献。

4. 新产品开发、引进技术项目论证

新产品开发的查新工作除了对其新颖性进行评审外,更要对其实用性、先进性进行评审,以保证新产品投放市场的前景。对引进技术项目,通过查新可提供其可靠性及引进后的使用和开发程度。

四、科技查新质量评价指标

1. 科技查新的步骤

科技查新一般按下列步骤进行:

①办理查新登记。由用户到查新咨询部门办理登记手续,提出查新要求,与查新人员共同分析课题内容要点。

②深入分析课题。确定查新重点,明确方向,选择恰当的检索标识、数据库,并设计检索策略。

③进行国内外文献检索。包括按用户要求提供二次文献或原始文献。

④对用户所要求解决的关键问题与检出的相关文献进行分析、比较和综合。

⑤撰写查新报告。其内容应包括:封面、课题技术要点、采用的检索手段与检索内容、查新结论以及参与查新咨询服务的人员及单位证明。

⑥审核。审核人由查新机构业务资深人员担任,并对查新结论负责。

⑦存档。查新报告及检索过程、结果等文件一式两份,一份交用户,另一份与查新有关的登记表一起存档。

2. 查新质量评价指标

《科技查新规范》对查新工作质量提出了明确的要求,并确定了"查新质量评价指标体系"(图 7-1)进行评价。该指标体系是根据查新程序和工作内容而建立的,对查新人员自我评价查新质量和主管部门监督检查有一定的指导和参考作用。

从"查新质量评价指标体系"可以看出查新质量主要表现在文献检索质量和查新报告质量两方面。

(1)文献检索的质量

文献检索质量是整个查新质量的基础,检索质量的好坏直接影响到查新报告结论的准确性,即直接影响到查新报告的质量。检索质量可以从检索的全面性和准确性两个方面进行评价。

①全面性。"查全"与"查准"是用于判定情报检索系统检索性能的两个标准。查新检索是对项目内容新颖性的检索,具有较高的查全要求,需要相当数量的文献,在查全的基础上追求

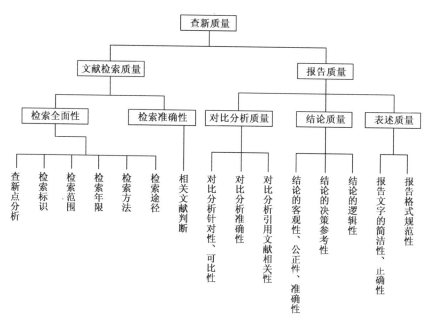

图 7-1　查新质量评价指标体系

查准率。检索的全面性主要受查新点分析、检索标识、检索范围、检索年限、检索途径、检索策略、检索结果的检验与调整等因素的影响。

②准确性。检索准确性是指针对查新项目的检索结果与实际情况的"偏差"的属性。为了提高检索准确性，需要针对查新检索所得的文献进行逐一相关性判断，并根据查新项目的查新点与文献的符合程度对相关文献进行分析。要求查准率要高，分析准确、客观。

（2）查新报告的质量

查新报告是查新机构用书面形式就查新事务及其结论向查新委托人所做的正式陈述，是查新检索结果的反映，是针对查新点将文献检索结果与查新项目进行对比分析，并由此得出查新项目的新颖性情况的报告。其质量情况主要由对比分析质量、结论质量和表述质量反映。

①对比分析质量。有比较才有鉴别，比较是分析、综合、确定结论的基础，对比分析的充分与否，直接影响着结论的客观与公正。

对比分析的针对性、可比性。查新的最终结果是要回答查新项目是否具有新颖性，但不是针对项目的全部内容，而是针对其中的新颖性部分，即项目的核心内容、技术要点。对比分析是指针对查新点进行纵向或横向的定性、定量分析，必要时对核心内容进行列表对比，使人阅读后一目了然；可比性则是指对比资料的同质性，要求对比分析既要有针对性又要有可比性。

对比分析的准确性。对比分析的准确性是指对比分析所用资料来源引用准确，引用资料的数据准确。

对比分析引用文献的相关性。对比分析引用文献的相关性是指对比分析相关文献中相关度高的文献引用情况。要求对检出文献进行逐一的相关性对比判断，并根据查新项目新颖点与检出相关文献间符合程度进行分级排列，分门别类列出。对于相关度高的文献不能漏引。

②结论质量。查新结论质量可以从以下几个方面来衡量。

结论的客观性、公正性、准确性。客观性、公正性、准确性是结论质量中最重要的三个指标。查新结论应当客观、公正、准确、清晰地反映查新项目的真实情况,不得误导。所谓客观性是指报告结论是按照文献关于事物的本来面目给出的,没有查新人员个人偏见;公正性是指报告结论应当不含有任何人的偏见;准确性是指报告结论完全符合实际。《科技查新规范》第9部分规定:"查新报告中的任何分析、科学技术特点描述、每一个结论,都应以客观事实和文献为依据,完全符合实际,不包含任何个人偏见"。

报告结论的决策参考性。查新工作不仅服务于科研人员、评审专家,也服务于科研管理部门,其服务对象对查新结论决策参考性的反馈意见在一定程度上反映了查新质量。

报告结论的逻辑性。结论的逻辑性是指结论是否恰当、论据是否充分、报告是否具有条理性。结论的情报学评价源于检出的相关文献,经过分析、对比、综合、概况等逻辑思维过程得出,符合逻辑思维规律,才能具有说服力,令人信服。

③表述质量。报告文字的简洁性、正确性。报告语言简洁性是指报告的文字表述情况。查新结论的措辞必须严谨、确切,文风朴实,言简意赅。

《科技查新规范》第9部分规定:"查新报告应当采用描述性写法,使用规范化术语,文字、符号、计量单位应当符合国家现行标准和规范要求;不得使用含意不清、模棱两可的词句;应当包含足够的信息,使得查新报告的使用者能够正确理解。"

报告格式的规范性。报告格式的规范性是指按照统一的格式要求填写查新报告的每一款目。形式服务于内容,没有规范的格式要求就不可能有高质量的查新报告,因此,报告格式是否规范是一个很重要的表述质量指标。

参 考 文 献

[1] 梁国杰. 文献信息资源检索与利用[M]. 北京：海洋出版社，2011.

[2] 徐军玲. 实用科技信息检索与利用[M]. 上海：复旦大学出版社，2011.

[3] 吴桂金，黄艳娟，周庆梅. 科技信息检索[M]. 哈尔滨：东北林业大学出版社，2011.

[4] 闫国伟，蔡喜年. 信息检索与利用[M]. 北京：科学出版社，2011.

[5] 陈英. 科技信息检索[M]. 北京：科学出版社，2010.

[6] 宋金芹. 科技信息检索与利用[M]. 北京：中国电力出版社，2010.

[7] 王培义，蔡丽萍. 信息检索教程[M]. 北京：北京邮电大学出版社，2010.

[8] 陈泉. 网络信息资源检索与利用[M]. 北京：清华大学出版社，2010.

[9] 王细荣，韩玲，张勤. 文献信息检索与论文写作（第 2 版）[M]. 上海：上海交通大学出版社，2009.

[10] 谢德体，等. 信息检索与分析利用（第 2 版）[M]. 北京：清华大学出版社，2009.

[11] 王梦丽，杜慰纯. 信息检索与网络应用[M]. 北京：北京航空航天大学出版社，2009.

[12] 袁润，刘红光. 理工科技信息检索与利用教程[M]. 江苏：江苏大学出版社，2008.

[13] 来玲，陈文生. 信息资源（文献）检索与利用[M]. 哈尔滨：东北财经大学出版社，2007.

[14] 刘二稳，阎维兰. 信息检索[M]. 北京：北京邮电大学出版社，2007.